Pare que [barcode]
en el co
a tu verded.
Un abrezo
y un beso
GORDO.

*El hombre
que descubrió
la Verdad*

León David

El hombre
que descubrió
la Verdad

Cuentos taoístas

grijalbo

Diseño de cubierta: Sergio Kern
Diseño de interior: Claudia Arroyo
Ilustración de tapa: Tanka china anónima proveniente del Tibet,
Escenas de la vida de Buda (fragmento), pigmentos naturales
sobre tela, siglo XIX. Colección Museo Nacional de Arte Oriental.
Viñetas de interior: Gentileza Fundación Centro del Tao

© 1999, Grijalbo S.A. (Grupo editorial Grijalbo Mondadori)
Av. Belgrano 1256 (1093) Buenos Aires - Argentina
info@grijalbo.com.ar

Primera edición

ISBN 950-28-0247-0
Hecho el depósito que marca la ley 11.723
Impreso en el mes de abril de 1999
en Imprenta de los Buenos Ayres SAIC
Carlos Berg 3449 (1437) Buenos Aires - Argentina

PREFACIO

He aquí un conjunto de brevísimas narraciones cuya finalidad no es otra que ilustrar de manera amena y desenfadada principios éticos y nociones de índole filosófica que forman parte del singular acervo de la concepción taoísta del mundo.

Desde que años atrás me puse en contacto con lo que, a falta de mejor nombre, llamaré "metafísica del Extremo Oriente" (que en el Tao-te-Ching halla su más acabada y sintética expresión), me sentí poderosamente atraído por la sutileza no desprovista de lúdica ambivalencia de su pensamiento, por la extraordinaria agudeza de sus interpretaciones, por la complejidad nada maniqueísta y absolutamente ajena a cualquier clase de dogmatismo religioso de su cuerpo de creencias, por el espíritu de seriedad científica que es posible recelar tras sus más extravagantes y paradójicos enunciados y, last but not least, por ese notabilísimo afán de mantener estrechamente vinculadas, haciendo gala de solidez pragmática y simpleza que es penetración intuitiva, la especulación abstracta con la conducta cotidiana de los hombres.

Tales valores que creí atisbar en la cosmovisión china, particularmente en su vertiente taoísta, no podían sino fascinarme. Pues aunque el "exotismo" del Lejano Oriente hace tiempo que en este, nuestro mundo cristiano occidental, se ha convertido en una moda más, lo cierto es que hallé en la espiritualidad que preside la concepción del Tao una de esas verdades substanciales que pueden, aun en nuestros días, contribuir a modificar el falaz y peligrosísimo modo de vida –en términos de interacción humana todo error es siempre peligroso– de la civilización que hemos construido, que usufructuamos y que, infortunadamente, en muchos aspectos padecemos...

Los relatos que a continuación propongo son, pues, el producto de mi entrañable afinidad con la reflexión de no pocos sabios que, desde hace más de dos milenios, intentaron arrebatar a las engañosas apariencias que los sentidos captan sus insolentes cuanto cautivadores atavíos.

Si dicha afinidad fue lo bastante poderosa como para no llevarme a traicionar la filosofía *de tan ilustre estirpe de iluminados es cosa que ignoro y que, en última instancia, toca al que este libro hojea decidir, no a mí... Me tendré por bien servido si el manojo de páginas que ahora entrego no sin reticencia al editor consigue regocijar la mente contrariada y sacar de su enclaustramiento perezoso al alma que se aburre. Si además de eso mis historias son capaces de provocar asombro y despertar de su inmemorial letargo las potencias que reposan olvidadas en cada hombre, no habrá entonces satisfacción que pueda compararse a la mía.*

L. D.

Parábola de la cebolla

*La consistencia y realidad de las cosas
es siempre una ilusión*

Cuentan que una fresca mañana, cuando recién se había ataviado la campiña con sus más fragantes y llamativas vestiduras, el joven catecúmeno Chun-Tse abandonó su austera celda en el Monasterio de la Montaña Deslumbrante, y fue en busca de su mentor espiritual, el sabio varón Wen-Li, alabado por su santidad hasta en las más remotas aldeas del imperio.

Después de muchas infructuosas indagaciones, encontró por fin a su maestro en la huerta. Con risueño semblante dábase el anciano instructor a la tarea, harto extraña, de contemplar cómo las hormigas transportaban su alimento en larga fila hasta un agujero, en donde la carga y sus portadoras desaparecían cual si hubieran sido engullidas por el vientre de la tierra.

Pese a que Wen-Li estaba de espaldas y no podía ver a su discípulo, tomó nota de su presencia y le dijo, sin dejar de observar las hormigas:

—Querido Chun-Tse, ¿qué te trae por estos apartados lugares? ¿Viniste, igual que yo, a aspirar el aroma de la primavera y a calentar los huesos con el sol de la mañana?

—No, venerable Wen-Li —respondió el monje—, a ti acudo porque deseo que me descubras mi verdadero ser, que me muestres cuál es en realidad mi rostro... No sé quién pronuncia mis palabras o ilumina mis ojos, y nada podría resultarme más placentero que descifrar ese gran enigma. Por eso me han llevado mis pasos hasta aquí... ¡Oh Tú, bendito de los dioses, no permitas que éste, tu devoto servidor, persista en las tinieblas! ¡Ayúdame!

—Hubiera sido preferible que te entretuvieras admirando el azul del cielo o las gotas de rocío, pero puesto que tanto te martiriza ese intrascendente asunto, te auxiliaré —dijo el provecto ermitaño, cuyo semblante rosado y jovial parecía el de un adolescente—. Para poder cumplir lo que me pides —añadió—, necesito que en esta huerta recojas la cebolla más grande y suculenta que consigas y me la acerques de inmediato.

Con la ansiosa premura del que espera poner fin a prolongado tormento, el novicio realizó lo que su maestro le indicara, no sin interrogarse a sí mismo acerca de tan inesperada ocurrencia.

–Aquí tienes, sapientísimo padre, la cebolla más hermosa que he podido hallar en este cercado –fueron las palabras del joven aspirante.

–Ahora –explicó Wen-Li–, toma la cebolla y despójala de la morada cáscara que la cubre... eso es... ¿qué puedes observar, amado hijo?

–Una capa blanca y olorosa que oculta el interior del fruto –contestó el interpelado.

–¡Perfecto! –sentenció el maestro– desprende entonces esa capa... ¿Qué ven tus ojos ahora?

–Otra capa igual a la anterior –fue la respuesta del perplejo Chun-Tse.

–¡Magnífico!, querido amigo... veamos, pues, qué hay debajo de esa segunda capa.

–Una tercera –afirmó el discípulo.

–¿Y debajo de ésa? –insistió Wen-Li.

–Sólo atino a contemplar otra, y debajo otra, y otra más... –confesó con cierta desesperación el devoto aprendiz.

–Sigue, pequeño, sigue sacando capas a esa cebolla, no te detengas... así, así vas muy bien... y ¿qué pasó? –preguntó el maestro al adolescente que había terminado por desnudar de su última piel tansparente a la blanca cebolla y ya nada sostenían sus manos salvo el aire.

–Reverendo señor –se atrevió a hablar Chun-Tse–, he quitado todas las capas a la cebolla y me quedé sin cebolla en las manos.

–Entonces –prosiguió el sublime Wen-Li–, ¿cuál crees tú que sea el verdadero rostro, el auténtico y profundo ser de esa cebolla? Tras melancólica pausa murmuró el discípulo:

–El vacío, admirable señor, es la única respuesta que se me ocurre...

–¡Bravo, Chun-Tse! –exclamó riendo el venerable anciano–, has resuelto el problema que te desvelaba y que hasta aquí te trajo. ¿Crees que ahora te sería posible disfrutar conmigo del desfile de estas simpáticas hormigas?

道

El docto, el ignorante y el sabio

y el sabio

En qué consiste la sabiduría

Cuál es la diferencia entre el ignorante, el hombre docto y el sabio?"... La pregunta la formuló repentinamente Sung-Mai a su maestro, mientras contemplaban ambos el cielo cuajado de estrellas de una noche de enero en la montaña.

–No es difícil satisfacer tu curiosidad, querido Sung-Mai –dijo el asceta con un acento musical que acariciaba los oídos–: El ignorante, sin ni siquiera levantar la vista, afirma que hay un millón de astros brillando en las alturas; mientras que el hombre docto los cuenta uno a uno sin dejarse amedrentar por el esfuerzo. Ésa es la diferencia.

–Pero, ¿y el sabio? –insistió el joven aspirante.

–Oh, es cierto, ya lo había olvidado: el sabio, hijo mío, no se entretiene en contarle los dientes al que ríe... la sonrisa le basta. Mirar con regocijo las estrellas es más que suficiente para él.

Tras las huellas de la perfección

*Como la perfección no existe,
no hay que penar tratando de alcanzarla*

Hasta aquí he llegado, magnífico Chung-Lao, atraído por vuestra fama; pues así como revolotean las moscas ávidas sobre las fuentes que humean en la mesa, no descansa el hombre probo hasta encontrar el manjar exquisito de la sabiduría... He sobrellevado innumerables penalidades para poder ascender a esta escarpada cueva, refugio más propio de águilas que de humanos, en donde habéis fijado residencia. He convivido con muchos maestros, y aunque –justo es reconocerlo– algunas cosas aprendí, sigo sin obtener lo que más ansío. ¡Por favor, no me neguéis vuestra benevolencia! ¡Sois mi última esperanza! –Así exclamó el ilustre dignatario de la corte imperial Tsun-Mi-Cheng cuando, luego de ardua y riesgosa travesía, pudo por fin hallarse cara a cara con el anciano eremita taoísta Chung-Lao.

Ante la súplica, el legendario Inmortal, que se había retirado hacía más de setenta años en aquellas desoladas montañas, y cuyo espíritu –lago de aguas apacibles– había penetrado el misterio del Único, acertó a decir:

–Me temo, honorable Tsun-Mi-Cheng, que habéis extraviado el rumbo. ¿Qué puede enseñar este viejo ignorante a un letrado de vuestra categoría? No he sido maestro ni de mí mismo; ¿cómo podría serlo de otros?

Fue tanto, sin embargo, lo que el visitante rogó e insistió, que al anacoreta no le quedó más remedio que acceder, a regañadientes, a lo que le solicitaba.

–Si tan importante os resulta mi opinión, la daré. Veamos, ¿qué deseáis saber? ¿Qué os inquieta?

–Deseo saber, ¡oh, gran maestro!, en qué consiste la perfección, pues nada menos que ella podría satisfacerme y llenar de plenitud mi alma –respondió con inocultable regocijo el interpelado.

Entonces, el venerable Chung-Lao volvió a abrir su boca y dijo:

–Cierto día un manco, un tuerto, un cojo y un desdentado se encontraron casualmente en el camino de Yen-Po. En el país del manco todos eran mancos; en la comarca del tuerto todos tenían un solo ojo; de la región de donde el cojo procedía ninguno dejaba de cojear; y en la tierra del desdentado no se conocían los dientes. Como era natural trabaron amistad, charlaron y la conversación giró en torno a sus mutuas diferencias:

–En mi tierra –dijo el manco– todos tenemos dientes, dos ojos y dos piernas. ¿Qué os pasa a vosotros? ¡Estáis enfermos?

–Estoy perfectamente sano –intervino el tuerto–; todo el mundo sabe que lo normal es tener un solo ojo en la cara. Sin embargo vosotros estáis mal, puesto que a ti te falta un brazo, a ti un pie y a ti los dientes.

No tardó en hablar el cojo, quien de esta manera se expresó:

–Vuestra deformidad es evidente, ya que para estar en salud deberíais poseer una sola pierna como yo; y a todos os sobra una segunda. A lo que contesta el desdentado:

–Que sois criaturas imperfectas es cosa que no se ofrece a discusión. Al que no le falta una mano le falta un pie; y al que no le falta un pie le falta un ojo. Por si fuera poco, a cada uno de vosotros sobran esas duras excrecencias blancas en la boca que llamáis dientes. Aquí el único que no tiene defectos soy yo... La conversación prolongóse durante varias horas sin que los viajeros pudieran ponerse de acuerdo. Cuando llegó la hora de separarse, cada cual pensaba que él era perfecto y malogrados los demás. Y como los cuatro se sentían conformes de ser como eran, se despidieron felices cantando una canción por el camino.

Así se expresó el sabio de la montaña; a lo que el perplejo dignatario, que había escuchado la fábula con atención, replicó:

—Pero ninguno de los cuatro era perfecto; yo no me sentiría convencido de mi propia virtud tan fácilmente como ellos.

—Porque, honorable Tsun-Mi-Cheng, vuestra imperfección no está afuera sino adentro —afirmó el eremita con gesto imperturbable—. La perfección no existe; es como el espejismo en el desierto, que cuanto más te acercas a él, más se aleja de ti. En este mundo donde lo múltiple impone su ley, nada es perfecto. Pero así como es necio pretender que el pájaro vuele bajo el agua o navegue el pez en las alturas, también resulta absurdo desesperar por una fantasía... Ante la imposibilidad de alcanzar la perfección puedes hacer dos cosas: acongojarte o simplemente silbar una tonada.

Tales fueron las palabras del Iluminado. Pero quien esta historia narró no quiso decirnos —olvido imperdonable— si el dignatario Tsun-Mi-Cheng pudo por fin encontrar lo que buscaba.

Perspectivas

Cada cual juzga y valora desde sus particulares intereses

Para mostrar a sus discípulos cómo los intereses y la disposición de ánimo influyen decisivamente en nuestra visión de la realidad, solía Fang-Chi, célebre por su ironía y reverenciado por su sapiencia, contar la siguiente anécdota:

La más hermosa flor de la comarca presumía de su belleza. La advirtió el poeta, y de inmediato compuso un verso para inmortalizarla. La contempló el amante, y no pudo dejar de compararla con la esquiva doncella que le había robado el corazón. Decidió el perfumista, luego de aspirar su aroma fresco, que una esencia de sus pétalos macerados reportaría pingües beneficios. La abeja acudió a su corola, chupó golosamente el néctar y, satisfecha, se retiró. El rudo labrador se detuvo frente a ella; miró al cielo con aire preocupado pensando en la cosecha y continuó su camino, azada al hombro, sin prestarle la menor atención... Sin embargo, no pasó desapercibida para el borrico:

–Hum, ¡qué exquisito manjar! –a sí mismo se dijo, y ñam, ñam, ñam, la engulló con deleite.

道

El pozo y la tinaja

Consigues lo que buscas, aunque parezca irrealizable, cuando suprimes el deseo que hacia ello te impulsa

Heng-Mi-Wong, el aspirante llegado al monasterio de la Gran Selva Umbría, por fin pudo entrevistarse con el venerable Lo-Ti-Po, esclarecido guía y maestro de aquel solitario recinto religioso. No pudiendo contener su ardor juvenil, le pregunta al apacible anciano:

–Sublime padre, ¿cuánto tiempo suele demorar el monje en alcanzar el inefable estado de Buda?

En lugar de satisfacer su pueril curiosidad, el sabio responde al impetuoso catecúmeno con la orden siguiente:

–Ve al pozo que está allá afuera, junto a los cerezos, y extrae de él agua suficiente con que llenar ese tinajón panzudo que descansa en la esquina derecha de la sala.

Obedeció al punto el mozalbete. No tardó, empero, en regresar, disculpándose de este modo:

–Ilustre señor, intenté hacer lo que me pedisteis, pero el pozo estaba seco... –Entonces,

道 *El hombre que descubrió la Verdad*

aproximándose a la vasija de barro, observó con desaliento–: Además, el recipiente que deseáis que llene está roto en su base; podría emplear la vida entera echándole agua y no se colmaría.

–Pues en verdad te digo –concluyó el maestro con una sonrisa de satisfacción en el rostro–, que tardarás menos en llenar esa tinaja rota con el agua de un pozo seco que en alcanzar el estado de Buda por el que con tanta impaciencia suspiras.

Mucho se cuidó Cheng-Mi-Won de importunar nuevamente con preguntas necias al Iluminado. Hasta que un día, ya encorvado y canoso, aprendió el monje que después de todo su guía espiritual tenía razón; y que si bien no era fácil la tarea, se podía llenar un cántaro perforado con el agua de un aljibe seco. Sólo que, en el instante en que hizo ese descubrimiento, ya no le interesaba en lo más mínimo el tiempo que demoraría en traspasar los umbrales luminosos del Tao.

道

El manantial
y la flor

El que sólo se cuida de sí mismo
no es capaz de amar

Te amo –decia la flor con voz insinuante al cristal de la fuente. Y mientras susurraba tales razones, se inclinaba sobre su tallo tembloroso para contemplar, emocionada, la imagen que el espejo de las aguas le devolvía.

–No puedo vivir sin ti –juraba con apasionado acento la linfa cristalina a la criatura de pétalos que su húmeda pupila reflejaba.

Advirtiendo el idilio, no atina el joven Chao-Wung a contener su entusiasmo:

–¡Qué romance tan enternecedor!

A lo que su maestro, que casualmente pasaba por allí y alcanzó a escuchar el comentario del discípulo, repuso:

–Te equivocas, amigo mío; el verdadero amor tal vez no posea tanta elocuencia, pero es más desprendido... acércate y presta atención a lo que vas a oír.

Entonces el intuitivo anciano pregunta a la flor:

–¿Por qué amas la fuente?

–Porque en sus aguas puedo, siempre que lo desee, admirar mi hermosura –arguyó con desenfadada sinceridad el presuntuoso botón.

–¿Y tú, cantarino manantial, ¿por qué no sabrías vivir sin la flor? –inquirió nuevamente el maestro.

–Porque cuando la flor se inclina para verse reflejada en mis ondas, se humilla y acepta que nada hay tan digno de encomio como mi plateada superficie –contestó con vanidoso acento el aludido.

Desengañado y algo molesto de su propia ingenuidad, Chao-Wung, en compañía del anacoreta, se retiró de aquel bucólico paraje. Mientras se alejaban la flor repetía incansablemente: "te amo", y, convincente, respondía el manantial: "no sabría vivir sin ti".

道

El huésped de la fosa

A nadie se le puede conceder ni arrebatar
su libertad

Corría la última década de la dinastía Ching. ¡Tiempos difíciles! La autoridad del Emperador se había resquebrajado y la anarquía hacía estragos en casi todas las provincias del otrora orgulloso territorio imperial. Cundía por doquier el bandolerismo; a plena luz se cometían los asaltos; en tanto que los crímenes constituían un azote no sólo en despoblado, sino aun en las más importantes y florecientes urbes. Impotentes, los burócratas y altos jefes militares veían cómo, lo mismo que el agua, se escurría entre sus dedos el antiguo poder y el prestigio solemne de que estuvieran investidos en una época que ya lucía remota.

En tan revueltos años vivió Chung-Tsai. Era él un santo monje que, siguiendo la costumbre de los verdaderos religiosos –los que en medio de ayunos y solitarias prácticas ascéticas se empeñan en alcanzar el estado de

Buda–, había encontrado asilo en una cueva húmeda horadada en la abrupta ladera de la montaña. Allí, en serena meditación, en contemplación extática, pasaba el anacoreta sus días, mientras que las estaciones se sucedían trayendo vientos, nieves, flores y lluvias...

He aquí, sin embargo, que una buena mañana (impulsado quién sabe por qué extraño antojo) decidió el eremita bajar al mundo del polvo y visitar la ciudad donde los impuros, como alimañas feroces, se destrozaban unos a otros a dentelladas y zarpazos.

Cuando Chung-Tsai llegó a la populosa metrópolis estaba oscureciendo... Dos gemidos sordos le hacen voltear la cabeza, y ve entonces un bulto tirado en la calle mientras que una figura escurridiza escapa y se pierde a toda velocidad en la tiniebla. El monje se acerca a auxiliar a la víctima (que tal era el bulto), pero apenas se inclina y le tiende los brazos para acomodarlo mejor, un grueso chorro de sangre brota de la nariz del moribundo que fallece de inmediato.

En ese instante apareció la Guardia Imperial. Tomando al monje (que había trocado su túnica por el más resistente vestuario del peregrino) como autor del delito, lo amarran y lanzan al foso más tenebroso y repugnante de la fortaleza. No protestó el ermitaño; no alegó inocencia sino que, la sonrisa en los labios, se echó en un rincón del calabozo y se puso a meditar.

Con la cabeza gacha, uno detrás del otro, igual que las ovejas, transcurrieron veinte solitarios inviernos... Hasta que un día fue capturado cierto individuo, cuando intentaba introducirse furtivamente en la residencia del mandarín Won-Li. Torturado por orden de las autoridades, que para el castigo no eran indolentes, confiesa el desdichado sus culpas y, entre otras muchas fechorías, admite haber asesinado dos décadas atrás al comerciante que el inocente monje había tratado de socorrer un infausto anochecer de verano.

El jefe de la guardia imperial manda que liberen al prisionero y lo lleven ante su presencia. Cumplido al instante su deseo, pregunta a la pálida víctima:

–¿Quién eres tú? ¿Cómo te llamas? –Sólo entonces se identificó Chung-Tsai...

–Pero –exclamó horrorizado el militar–, ¿por qué no me lo habíais dicho antes?

–Porque nunca antes me lo habíais preguntado –respondió con toda la calma del mundo el santo varón.

–¡Dios mío! –se quejó el oficial–, ¡qué grave error he cometido! He encerrado durante veinte años al hombre más sabio y bondadoso de toda la comarca mientras dejé libre al verdadero culpable de aquel horrendo crimen. Nunca podré perdonarme semejante desatino.

A tan angustiadas palabras responde el religioso:

—Ilustrísimo señor, no veo de qué os lamentáis; ¿acaso puede un hombre conceder o arrebatar la libertad a nadie? El que creíais libre jamás ha dejado de arrastrar consigo sus cadenas; pues ¿quién escapa al veredicto de sus propias acciones? Y en lo que me concierne, me disteis una celda mucho más holgada y recogida que la cueva en la que estaba acostumbrado a vivir. Os agradezco vuestra gentileza; y tened la seguridad de que nunca he sido prisionero. Para el que conoce la verdad, los muros de la cárcel son ventanas abiertas, y no hay neblina espesa que la mirada del Supremo no sea capaz de convertir en cielo transparente.

Diciendo esto, hace el monje una reverencia y se retira, tranquilo el paso, hacia la montaña. A partir de esa fecha sólo los tigres del bosque y los halcones de ojos agudos y encorvado pico supieron dónde Chung-Tsai decidió morar el resto de sus días.

Los dos hermanos

*Conocer muchas cosas y lugares
no da sabiduría*

Pieng-Tsi y Hao-Tsi eran hermanos. Vivían ambos en la Ciudad de las Doradas Puertas, capital de la fértil comarca que el Gran Río Azul, en su descenso sinuoso de las nevadas cumbres, irrigaba.

Un día Piang-Tsi, cuyo mayor goce consistía en perseguir con la mirada nublada de nostalgia el vuelo de las aves migratorias cuando en el horizonte se perdían, llama a su hermano y le dice:

—Querido Hao, he decidido partir. Me voy a conocer el mundo. En este pueblo insignificante no pasa nada de interés. Todo es aburrido y monótono; no soportaré por más tiempo que mi vida se marchite como una flor falta de lluvia. La verdad, hermano mío, está fuera de los muros de esta villa...y yo la encontraré.

Así habló Piang-Tsi; y cuando Hao-Tsi, tras agotar todos sus argumentos, advertencias y súplicas para hacerle cambiar de idea, se dio cuenta de que no podría disuadirlo de su proyecto aventurado, contrito, aceptó lo inevitable:

–Ve con Dios –le dijo–, y ojalá encuentres lo que buscas...

A la mañana siguiente un joven peregrino, el pecho rebosante de ilusiones y el júbilo impreso en el semblante, se alejaba con paso premioso y saltarín de la Ciudad de las Doradas Puertas... en tanto que en la casa desnuda y silenciosa un hombre solitario anudaba las hebras de la melancolía preparándose a cumplir metódicamente las tareas que apenas asomaba el sol acostumbraba realizar.

En las alas abiertas de las grullas, lánguidamente, se fueron los años despidiendo. Veinticinco cosechas había logrado recoger Hao-Tsi en su pequeña huerta, cuando el hermano que una fatal mañana decidiera marcharse, regresó.

Los dos hombres, que la edad llenara de cicatrices y recuerdos, se abrazaron largamente llorando de la emoción. Transcurrido el primer momento de euforia se sientan a conversar. Entonces el que había permanecido en el sitio natal pregunta al viajero:

–¿Hallaste lo que buscabas?

Y con voz que no alcanzaba a ocultar cierto dejo de amargura ni a borrar un gesto de hastío en el semblante, respondió el recién llegado:

–Querido Hao-Tsi, visité cientos de ciudades; conocí las más extrañas costumbres; desempeñé innumerables oficios; alterné con príncipes y compartí el magro botín de los villanos; habité en heladas cumbres de la cordillera; en selvas y pantanos me interné; la huella de mis sandalias quedó impresa en las reverberantes arenas del desierto; aprendí a hablar muchas lenguas distintas y cubrí mi cuerpo con ropas diferentes... mis ojos se cansaron de mirar y mis oídos de oír pero –he de confesarlo–, no soy más sabio ahora que cuando decidí, mozo irreflexivo, alejarme de este lugar sagrado donde reposan los huesos de mis ancestros. –Aquí el narrador hizo una larga pausa para, luego, interrogar al que atentamente le escuchaba–. Ahora, dime, Hao, ¿qué has hecho?

–Lo mismo, hermano, lo mismo que tú, –fueron las lacónicas palabras que obtuvo por única contestación.

–¿Cómo que lo mismo que yo? –insistió sorprendido el que durante tanto tiempo se ausentara–; yo he recorrido el mundo entero entretenido en menesteres arriesgados, cuando tú has vivido recluido en esta casa, sin salir de la ciudad, ocupado siempre en la misma tarea... ¿Cómo puedes decir que has hecho lo mismo que yo?

–Bueno, hermano mío –dijo quedamente el interpelado–, donde tú estuviste ¿acaso no asomaba el sol por la mañana y se ocultaba en la noche?

–Así es –consintió Pieng-Tsi.

–¿Y no te alegrabas cuando te iba bien y te incomodabas cuando las cosas no salían a tu gusto?

–Claro que sí –aceptó el trotamundos.

–¿Y no encontraste acaso en todas partes gente poderosa y seres miserables, hombres dignos y plebeyos rufianes, criaturas esclavas de sus pasiones en innumerable legión y muy escasos individuos a los que la luz de la Verdad iluminaba?

–Tienes nuevamente razón, hermano –balbuceó el fatigado peregrino.

–Entonces –continuó Hao-Tsi–, ¿por qué te extrañas cuando afirmo que hemos hecho exactamente lo mismo? De lo que en realidad importa tú no estás más enterado que yo a pesar de tus travesías, ni yo menos que tú a despecho de no haberme mudado de los alrededores de mi huerta... Sin embargo, una cosa supimos hacer ambos per-

fectamente: envejecer. Y puesto que lo supimos hacer estando separados, te propongo
que lo sigamos haciendo juntos... quizás,
hermano de mi alma, no consista en otra
cosa la sabiduría.

道

Los caminos de la Verdad

No hay una sola vía para hallar la Verdad

Sen-Chi-Tao, el paciente aprendiz, se acercó una tarde a su maestro y con estas palabras lo abordó:

—Oh tú, venerable Chi-Tsu, el de la Mirada Luminosa, que habitas en los celestes dominios del Único, dime, ¿cuál camino he de tomar para alcanzar la suprema unión con el Todo?

No tardó en abrirse paso la respuesta hasta los finos labios del aquel anciano de juvenil estampa:

—Amado Sen-Chi-Tao, el camino para alcanzar la Verdad de las Verdades es la devoción y la fe. Quien por él transite llegará a la meta.

Feliz como zagal a quien acabasen de obsequiar un colorido trompo, Sen-Chi-Tao, luego de despedirse respetuosamente con varias genuflexiones, corrió hacia sus aposentos a poner en práctica la secreta clave que el Iluminado había tenido la inusual confianza de revelar.

Mi-Tao-Li, el tenaz aspirante a la Luz, penetró una buena mañana en la gruta donde su maestro meditaba, y de esta forma lo interpeló:

—Oh tú, venerable Chi-Tsu, el de la mirada luminosa, que en libertad recorres los jardines del Insondable Enigma, dime, ¿cuál camino he de tomar para hacer mía la Suprema Visión de la Realidad?

No demoró mucho la respuesta y tal fue el discurso que brotara cual diáfano surtidor de la boca del Inmortal.

—Amado Mi-Tao-Li, el camino que te llevará hasta el anhelado templo de la Sabiduría es el silencio y la contemplación. Quien por él transite no resultará defraudado.

Dichoso como el pájaro al que el descuido de un imprudente dueño dejó abierta la puerta de su jaula, Mi-Tao-Li pidió la venia del asceta para retirarse y corrió a sus aposentos a poner en práctica lo aprendido.

Chun-Tsin, el sincero devoto, una noche se echó a los pies de su maestro implorándole:

—Oh, tú, venerable Chi-Tsu, el de la Mirada Luminosa, que sin moverte a todas partes llegas y yéndote no dejas de permanecer en el lugar que abandonas, dime, ¿cuál camino he de tomar para contemplar el Sempiterno Rostro de la Verdad por la que mi alma suspira?

Sin titubear el sapientísimo respondió la pregunta:

–Amado Chun-Tsin, un camino conozco que de manera infalible te conducirá a la Cumbre de Excelsitud con la que sueñas y que a tan escasos mortales está reservada: el camino se llama conocimiento. Quien por él transite encontrará ciertamente lo que busca.

Con reverente exaltación se despidió el discípulo de su mentor, y en veloz carrera, cual retozona mariposa bajo la límpida mañana, se dirigió a sus habitaciones para poner en práctica la generosa receta que ahora poseía.

Mas resultó que un día los tres discípulos del venerable Chi-Tsu (que habían decidido ir de peregrinación a la Montaña Sagrada de Mo-Tsen) se encontraron por casualidad reunidos –si es que la casualidad existe–, en la humilde morada de unos piadosos eremitas que habitaban en aquellos remotos parajes. Al descubrirse hijos del mismo padre espiritual no tardaron en comentar sus experiencias. Fue así cómo, no sin estupefacción y desconcierto, se enteraron de que el venerable maestro de la Mirada Luminosa había recomendado a cada uno de ellos una senda distinta para alcanzar la Verdad. Incapaces de soportar su decepción, anonadados, deciden de común acuerdo regresar a la cueva donde su reverenciado preceptor acostumbraba meditar, con el fin de exigir una explicación que deshiciese sus dudas que, cual espinosa yerba, habían germinado en sus espíritus. Pues si uno, y solamente uno es el camino que lleva a la unión con el Todo, dos de aquellas tres almas devotas estaban hollando extraviados senderos.

Llegan a la gruta del santo varón. Entran. Exponen su queja. Y agregan, a modo de lacrimosa coda, que más de una década han empleado tratando de contemplar la Divina Luz, atenidos fielmente a los preceptos que el Inmortal muchos años ha les había marcado.

Chi-Tsu sonrió pícaramente y luego de guardar silencio por breves segundos, que a los que reclamaban parecieron una eternidad, habló, y esto fue lo que dijo:

–¿Habéis visto alguna vez dos gotas de agua similares, o dos cantos de río que tengan la misma forma, o dos árboles que proyecten idéntica sombra al mediodía?

–No –respondieron los visitantes–, nunca hemos visto dos objetos o seres exactamente iguales.

Prosiguió entonces su discurso el satisfecho anciano:

–¿No eres tú, Sen-Chin-Tao, alto y delgado como una palmera del desierto o como un flexible bambú de los pantanos?

–Así es –asintió el interpelado.

–Y tú, a quien todo el mundo conoce con el nombre de Mi-Tao-Li, ¿no eres de suaves carnes y redondeada figura, como la tinaja que guarda el secreto de los añejos caldos?

–Por cierto que no mientes cuando así te expresas –contestó el segundo discípulo.

–En cuanto a ti, Chun-Tsin, ¿no es tu aspecto pequeño y corpulento como el de los troncos que a veces la corriente del río deposita sobre las arenas de la orilla?

–Como usted me describe, así soy –replicó el aspirante.

–Pues si los tres sois diferentes –concluyó el asceta de la caverna–, ¿qué os hace pensar que la verdad se alcanza de una sola manera, caminando por una misma vía? En cada quien la Verdad tiene un rostro distinto. El Único es siempre Uno, pero son mil las puertas por donde podemos penetrar en su templo.

Nada más dijo el sabio. Era obvio que no quedaba nada por decir.

La encomienda
imposible

En lo que tiene límites no cabe lo infinito

Aspiro a que el Supremo me confíe todos sus misterios... por eso he venido a ti, –fueron las palabras con las que el mozalbete Cheng-Wu se presentó ante el sublime maestro Lu-Tang, en la humilde choza de la playa que a éste servía de refugio.

–¡Magnífico! –dijo sonriendo el sabio anacoreta–, nada más fácil: cava un hoyo en la arena... eso es, no tienes por qué hacerlo más hondo. Ahora, hijo mío, toma este recipiente, recoge agua y llena la cavidad que acabas de abrir. Cuando sin dejar una sola gota hayas vaciado el mar en el agujero que horadaste, estarás preparado para que el Supremo te revele todos sus enigmas.

–Pero, maestro –exclamó sorprendido el recién llegado–, ¿cómo podré vaciar la inmensidad del mar en ese hoyo minúsculo? La tarea que me impone es irrealizable.

A lo que el anciano Lu-Tang, que estaba esperando esa respuesta, con gesto de estudiada incredulidad, replicó:

—Si te escandalizas arguyendo que el mar nunca cabrá en una cavidad tan reducida, ¿qué te hace pensar que los misterios del Único, cuya grandeza nada iguala, podrían alguna vez encontrar acomodo en el angosto espacio de tu mente?

El anacoreta tornó a su cabaña dejando solo al aturdido visitante. Las olas acariciaban la arena. Y si no hubiera sido una tonta ocurrencia, Cheng-Wu habría jurado que el mar estaba riéndose, y que de sus vanas pretensiones se burlaba.

道

El consejo
del maestro

*La virtud que se sabe virtuosa
a sí misma se anula*

Cierta neblinosa mañana, ante el retirado monasterio de Zao-Zi-Tang se presentó un hombre cuyo rostro delataba los estragos implacables de la desesperación. Era la época en que el viento despojaba a los árboles de sus orgullosos atavíos, dejándolos como desnudas criaturas implorantes que levantaban hacia el cielo sus quebradizos brazos. Hi-Meng-Yang –que tal era el nombre del recién llegado–, no bien traspasó el umbral de aquel sagrado recinto donde el silencio se hospedaba, suplicó al monje que, diligente y cortés, le había recibido le permitiesen entrevistarse con el gran Nun-Fa-Po, a quien, por la pureza de su ya legendaria vida de recogimiento y meditación, todo el mundo apodaba el Maestro de la Perfecta Sabiduría.

Cuando estuvo ante la presencia del Iluminado, exclamó el visitante, no sin antes echarse al suelo en gesto patético de adoración:

–¡Oh tú, Magnífico Inmortal, compadécete de mí y pon término a mi agonía!

El anciano rector de aquel santo monasterio hizo que el forastero se levantara, y luego que lo tuvo frente a sí, sentado sobre la esterilla, de esta manera se expresó:

–Honorable Hi-Meng-Yang, mucho he oído hablar de vuestros méritos. Cuentan que sois persona virtuosa, que ayudáis al necesitado; que pudiendo presumir del más elevado linaje y habiendo heredado inmensas riquezas, no dudáis en ligaros con el pueblo ni en poner alivio a los males del menesteroso. También corre el rumor de que en vuestra casa todo el que llega en son de paz es bien recibido y que el huérfano y la viuda que os han ido a pedir nunca se han retirado con las manos vacías. Tales cosas, entre otras innumerables, comenta la gente acerca de vuestros nobles sentimientos y ejemplar conducta. Me sorprende, pues, veros aquí implorante con el desasosiego asomando en el rostro. Decidme, estimadísimo Hi-Meng-Yang, ¿por qué queréis que os compadezca? ¿En qué puedo serviros?

–Maestro –contestó el visitante–, todo lo que acabáis de señalar es cierto. Siempre me he comportado con honestidad; la rectitud ha sido mi norma en el obrar y en el pensar; he sido generoso con los que me rodean; jamás la maledicencia emponzoñó mi lengua con su infamante tósigo; he tenido fortuna y la he dado; he consolado al infeliz, he curado al enfermo, he apoyado al débil y aconsejado al que se deja obcecar por la iracundia... tal ha sido mi conducta desde que tengo uso de razón. Sin embargo, he aquí que si bien mis actos me han granjeado honra y afecto haciendo que mi fama de virtuoso trascienda los límites de la Gran Muralla, no he podido alcanzar la meta que añoro: vislumbrar la luz de la Eterna Perfección. Ése y no otro es el propósito que ha dado alas a mi virtud, fuerzas a mi bondad, aliento a mi misericordia. Pero con el cabello blanco ya como las cumbres de la cordillera y llena de arrugas mi frente, me veo precisado a confesar que estoy tan lejos del Tao como lo estuve antes de ser el hombre cuyo aura de virtuoso todos conocen hoy... ¿Cuál ha sido mi error? ¿En qué me he podido equivocar que la Perfección sigue esquivando mis pisadas?

Así habló sollozante el ilustre forastero, mientras Nun-Fa-Po, el Maestro de la Perfecta Sabiduría, contemplaba con dulzura y cierta expresión de compasiva extrañeza al desdichado. Entonces abrió la boca y estas palabras pudo escuchar el que suplicaba:

—La virtud del agua permite que los barcos naveguen sobre ella y que encuentren los peces alimento en sus entrañas húmedas; pero el agua, con todo y ser maravillosa, ignora los beneficios que procura. El aire no se ve y, sin embargo, sostiene el vuelo de las aves e hincha la entretejida vela que empuja al marinero hacia orillas remotas; y el aire que tanta gratificación proporciona, no se da cuenta de lo que hace. La tierra, como el vientre materno, hace germinar la semilla que luego llenará los graneros y pone a crecer el pasto con el que las cabras prosperarán en los corrales; y he aquí que esa tierra que tantos dones nos ofrece no tiene ni la más remota idea de lo buena que es... Apreciado Hi-Meng-Yang, la virtud que se sabe virtuosa no es virtud. La benevolencia que se practica con algún interés ulterior, a sí misma se anula. La honestidad que actúa y que al actuar no se olvida de inmediato de lo que hizo, no se puede llamar honestidad. Es preciso que seamos como el agua, como el aire, como la tierra, que no intentan ser piadosos y a pesar de ello todo lo que tocan fructifica.

Calló el maestro. Se retiró el visitante. Fue entonces cuando uno de los monjes del recinto preguntó al Iluminado:

–¿Qué enseñanza habéis dado al que se acaba de marchar que tan pensativo lucía?

–En verdad –respondió el anciano varón–, algo creo haberle dicho; pero los años deben estar pesando sobre mis hombros, pues he olvidado por completo mis palabras.

道

Las dos cometas

Lo que es igual por fuera por dentro
no necesariamente lo es

Un buen día Ming-Po, reputado como el Maestro de la Sonrisa a Flor de Labios, decide que es llegada la hora de que Fueng-Kai, su único discípulo, conozca la rigurosa disciplina monástica y se familiarice con el régimen de vida de los santos varones que en la penumbra silenciosa del cenobio buscan, afanosos y vigilantes, la luz del Incognoscible.

Luego de mucho andar por caminos polvorientos que se internaban en parajes cada vez más solitarios y silvestres, llegan a una abadía. Erguíase, cual exótica corona, sobre la cima de un monte rodeado de impenetrable selva... Y tocan a la puerta, y son acogidos con sincera hospitalidad, y se les asigna una celda cuyo único mobiliario consiste en la esterilla del reposo, y comienzan a compartir con sus anfitriones, según las reglas de la cofradía, todos los menesteres, ceremonias y prácticas por medio de los cuales puede el que a la pureza ha consagrado su existencia hacerse grato a los ojos del Único. Entre ayunos, cenas frugales, oraciones, cánticos, estudio y meditación fue transcurriendo el tiempo imperceptiblemente, al modo como las gotas de lluvia resbalan, zigzagueantes, por el cristal de la ventana.

Un mes no se había cumplido, sin embargo, desde que los piadosos visitantes arribaran al monasterio, cuando Ming-Po, con el afable gesto que le hiciera acreedor al título de Maestro de la Sonrisa a Flor de Labios, ordena al catecúmeno:

–Prepárate. Mañana partiremos antes de que amanezca. Dios no mora en los salones de este recinto. –Fueng-Kai obedeció, aun cuando su rostro no fue capaz de ocultar la desilusión que tan inesperadas palabras le produjeran. La verdad era que ya se estaba acostumbrando el novicio al régimen de aquella religiosa hermandad, y no podía entender por qué su ilustre guía espiritual se empeñaba ahora en sacarlo del claustro que tan fatigosas jornadas les costara alcanzar.

Antes de que las tímidas claridades del alba insinuaran su bostezo rosado en el horizonte, maestro y discípulo enfilaban sus pasos por la trilla serpenteante que descendía y dejaba atrás, cual ave airosa posada en la colina, la abadía de curvadas techumbres.

Tras mucho desgastar sandalias por caminos fragosos que conducían a parajes cada vez más solitarios y silvestres, divisan los gráciles perfiles de un convento. Estaba afincado, cual exótica corona, sobre la cima de un otero rodeado de impenetrable selva. Y llaman a la puerta, y son acogidos con calurosa hospitalidad, y se les asignan sendas habitaciones cuyo único mobiliario es la esterilla del descanso, y comienzan a convivir con sus anfitriones según las reglas de la cofradía, ejecutando todos los menesteres y prácticas por medio de los cuales espera, el que a la pureza ha consagrado la existencia, hacerse grato a los ojos del Único... Entre ayunos, cenas frugales, oraciones, cánticos, estudio y meditación transcurre el tiempo sin que nadie lo advierta, con la suavidad con que se balancean las ramas de los árboles que el viento complaciente acaricia.

...Veinte años han pasado, y nuestros dos devotos forasteros aún permanecen instalados en el segundo monasterio al que el azar o la Divina Providencia –¿quién lo sabe?–, los condujera.

Una mañana, no pudiendo resistir la curiosidad, interroga el aspirante a su amado maestro:

–Sapientísimo Ming-Po, ¿podría explicarme por qué abandonamos la primera abadía con tanta celeridad y, sin embargo, de ésta hemos hecho nuestro hogar definitivo? Allá, si la memoria no me traiciona, hacíamos exactamente lo mismo que aquí: nos levantábamos a la misma hora de la madrugada, comíamos las mismas viandas, repetíamos las mismas oraciones, entonábamos idénticos cánticos y loas. Poseíamos allá una celda desnuda, aquí también; ayunábamos allá en ciertas fechas que no son distintas de las que con el ayuno respetamos aquí; la abadía de la que partimos estaba edificada sobre una montaña rodeada de selva; sobre una montaña rodeada de selva se halla la que hace cuatro lustros nos otorga su amparo... entonces, dígame, oh maestro, ¿qué le hizo dejar con presteza el primer albergue monacal y acomodaros en éste, donde la vida se desarrolla en condiciones y bajo reglas que en nada difieren (así lo ha podido mi ignorancia apreciar) de las que existían en el que desechara?

Y responde Ming-Po a su discípulo:

–Querido Fueng-Kai, ¿conoces las cometas?

–Cuando niño jugaba con ellas, y ¡cuánto me divertía viéndolas elevarse en el firmamento! –contesta el aprendiz, un tanto desconcertado por el cariz de la pregunta.

–Pues bien –continúa el anciano monje–, supón que tienes la oportunidad de contemplar dos cometas, ambas hermosas, grandes, perfectamente construidas, hechas con el más fino papel de seda y las más resistentes y livianas varillas. Imagina también que dos mozalbetes tratan de empinarlas hacia las despejadas praderas celestiales. Mas uno se esfuerza porque tome altura su artefacto volador dentro de un gran recinto herméticamente cerrado, donde el viento no puede penetrar; en tanto que el otro, con la misma intención, va campo abierto, a un expuesto paraje en el que la brisa estremece de continuo las copas de los árboles, ¿cuál de las dos cometas crees tú que logrará remontarse a la comarca transparente que los pájaros surcan?

–El que se encuentra en descampado, por poco que lo ayude la brisa, logrará ver su cometa meciéndose en el aire; quien intenta elevarla en un aposento cerrado fracasará, pues sin la mano del céfiro, ¿cómo podría alzar el vuelo? –fue el prudente dictamen del novicio.

–Entonces, hijo mío –retoma la palabra el Maestro de la Sonrisa a Flor de Labios–, ya descubriste por qué me fui del primer monasterio y me quedé en el que ahora estamos... En ambos me ofrecían la misma cometa; pero en aquél jamás soplaba el viento, mientras que aquí nunca deja de soplar. Las cometas son importantes. Pero más importante es el aliento de Dios. Sólo donde su aliento nos refresca debemos permanecer.

道

Tao

El Tao que puede ser explicado con palabras
no es el Tao

Zai-Chu-Tsi, El Sublime Maestro que había fijado residencia lejos del mundo del polvo, en las ruinas de una antigua fortaleza abandonada en medio del Desierto Amarillo, tenía un discípulo silencioso y humilde que se llamaba Lai-Dong.

Sucedió que un día el anciano anacoreta, rompiendo su habitual mutismo, habló al joven aspirante. Fueron éstas sus palabras:

–El Tao, hijo mío, no tiene forma pero existe; no está en ningún lugar, pero en todas partes hace sentir su presencia; no ha nacido de padre ni de madre, pero al universo entero Él lo genera; carece de consistencia y de peso, pero actúa; estando en reposo, es responsable de cuanto movimiento advierten tus ojos o captan tus oídos; manteniéndose idéntico a sí mismo, produce el cambio del nacimiento y de la muerte; cuando intentas aprehenderlo, desaparece; cuando desaparece es que por fin lo tienes frente a ti... así es el Tao, hijo, ¿has entendido?

—Maestro, temo no haber entendido ni una sola palabra de vuestra explicación —respondió contrito el catecúmeno.

—Demos por ello —volvió a hablar el anciano—, gracias al Cielo. He de felicitarte por tan lúcida ignorancia.

—Pero —insistió perplejo el discípulo—, ¿por qué habría de ganarme aplausos mi estulticia?

El sabio eremita observó entonces compasivamente al joven religioso y con gesto franco le dijo:

—Querido Lai-Dong, tu ignorancia es digna de encomio pues es ella quien te permite seguir tras las huellas del Perfecto... Admites que tu entendimiento es estéril e impermeable como roca, ¿no es así?

—Ciertamente —contestó con amargura el monje mientras dejaba que su mirada rodase por el suelo—. Y si el Tao fuera accesible hasta para las rocas imbéciles, ¿crees que valdría la pena que nos ocupáramos de Él? Husmea al Único, mas no intentes conocerlo. Cultiva tus tinieblas, acepta tu oscuridad. La inteligencia que no es consciente de su insignificancia no merece ese nombre. ¿Amas la verdad? Rehúye entonces su tentadora imagen. Si eres digno del Tao, el Tao sabrá cómo llegar a ti. Lo demás es soberbia, necedad y error.

Así habló Zai-Chu-Tsi, el venerable Inmortal que en unas ruinas abandonadas en medio de las arenas del desierto había fijado residencia... Y el viento que entonces se levantó y comenzó a azotar con su mano ardiente los escombros, parecía que en su enigmático idioma le daba la razón.

道

El sueño

¿Vivimos dormidos o depiertos?

El sueño

Discípulo y maestro conversaban.
—Anoche tuve un sueño —decíale el novicio a su preceptor—. Soñé que estaba soñando y que al despertar vería por fin el rostro resplandeciente de Buda... Entonces soñé que de pronto despertaba.

—¿Y qué sucedió? —pregunta el maestro no sin curiosidad.

—Que me di cuenta que aún dormía, y tuve la certeza de que si cometía en ese momento el desatino de abrir los párpados y volver a la realidad, moriría.

—¿Qué hiciste para evitar la muerte?

—Decidí seguir soñando, y en sueños quedarme dormido aunque no viera la luminosa faz de Buda... En eso me hallaba cuando de repente acaba usted de aparecer.

—¿Y ahora sueñas o acaso es verdad que estoy contigo?

–Maestro, no sabría responder a esa pregunta.

–Pues no lo hagas y sigue como antes. Despues de todo, el sueño fabrica la vigilia. Por eso Buda no permite que ni siquiera despiertos dejemos de soñar.

El maestro
Chen-Zu

*Para dar con el Tao no hay que apartarse
del mundo, sino de las propias ansiedades y deseos*

He oido decir, reverendísimo maestro, que sólo el que se retira en parajes remotos logra alcanzar el estado de Buda. ¿Es esto cierto o habré entendido mal? –Así se expresaba el joven aspirante Chen-Zu ante su guía espiritual, Mi-Lei, afamado por sus altas virtudes, quien lo escuchaba con hospitalaria cortesía.

–Encierran tus palabras, atribulado amigo, más verdad de la que sospechas; efectivamente, sólo el que sabe retirarse del mundo conquista las cimas de la iluminación –contestó el sabio.

–Entonces, venerable señor, dadme vuestra venia, pues deseo partir de inmediato.

–¿Y hacia dónde piensas dirigirte, amado hijo?

–En las Montañas del Viento Aullador encontraré a buen seguro un refugio alejado que será grato a mis ansias de soledad.

–Si tal es tu voluntad, enhorabuena; vete y dentro de un año regresa para que me informes de tu progreso espiritual.

Y se fue Chen-Zu, y ascendió a las Montañas del Viento Aullador, y encontró incómodo abrigo en una caverna horadada en el risco. Allí permaneció doce meses, al cabo de los cuales volvió sus pasos hacia el monasterio donde Mi-Lei, el Anciano de la Mirada Penetrante, lo aguardaba.

–¿Diste con lo que buscabas, jovencito? –le preguntó el maestro, mientras masticaba, regodeándose, unas castañas secas.

–Aprendí muchas cosas, pero el rostro de Buda no quiso presentarse ante mis ojos, –contestó compungido el catecúmeno.

–Con toda seguridad no te alejaste suficientemente. Tu retiro debe ser más estricto y apartado. Adéntrate en la Selva de los Murmullos Engañosos y durante cinco años instálate en su tupido seno. Concluido ese lapso retorna para que me narres tu experiencia.

El respetable instructor fue obedecido al punto, y en la soledad umbría de la selva un lustro deslizó entre las hojas su monótona canción de cigarra marchita.

–¡Otra vez de regreso, Chen-Zu! ¿cómo te trataron los monos y los tigres? –fueron las

palabras de bienvenida con las que el sapientísimo guía lo saludara.

–Tan infortunada como la anterior fue mi
estadía. Pudo mi mente aclarar muchas cosas
en estos cinco años, mas el Único se empeña
aún en esconder su luminosa faz –confesó pe-
saroso el recién llegado.

–Con toda seguridad no te alejaste suficientemente; tu retiro debe ser más estricto y
apartado. Disponte a salir de inmediato rumbo al Desierto de las Taimadas Dunas y quédate en él diez años. Concluido ese período
retorna para que me narres tu experiencia.

No bien el Anciano de la Mirada Penetrante pronunciara su mandato, emprendió Chen-
Zu la fatigosa marcha hacia el desierto... Una
década de facciones sudorosas azotó con su
aliento infernal la piel llagada y sorda de la
arena.

–¿Y ahora, Chen-Zu, ha sido provechoso tu
retiro? –fue la sonriente pregunta de su maestro cuando se presentó nuevamente ante él.

–Acerca de innumerables cuestiones medi-
té. Sin embargo, el Perfecto no quiere aún
mostrarme su semblante –murmuró cabizbajo
el viajero.

–Con toda seguridad no te alejaste suficientemente; tu retiro debe ser más estricto y
apartado. Dirígete a la ciudad de Tong-Pei, de

donde eres oriundo, la cual está apenas a una jornada de camino; ve a tu casa, con los tuyos, y ponte a hacer lo mismo que hacen los que están a tu alrededor. Allí permanecerás durante treinta años. Concluido ese tiempo yo iré a buscarte para averiguar cómo te ha ido.

–Pero maestro, ¿qué retiro es ése al que me mandáis en compañía de las ignaras multitudes? ¿Cómo sosegar mi ánimo para recibir al Buda inmerso en el bullicio de la gente y atado a los tediosos compromisos de las labores cotidianas?

–¡Obedece! –fue la respuesta fulminante del anciano varón.

En la ciudad, entre los suyos, muy pronto olvidó Chen-Zu que estaba cumpliendo una encomienda del venerable guía, y que la vida que entonces iniciaba formaba parte de un programado esfuerzo con el que pretendía alcanzar la iluminación. Chen-Zu trabajó, entabló numerosas amistades, se enamoró, contrajo matrimonio, levantó una hermosa familia... en paz transcurrían sus horas.

Una tarde, mientras el sol se escurría en el horizonte tiñendo de sangre los altos pabellones del cielo, escucha el jefe de familia que llaman a la puerta. Abre. Ante sí un adolescente tímido pregunta inclinándose respetuosamente:

–¿Es aquí donde habita el grande y celebrado maestro Chen-Zu?

–Chen-Zu es mi nombre, no lo puedo negar; pero debes estar equivocado; nunca pude hollar el Sendero de la Perfección. Hace ya muchos años que ni siquiera esa vana preocupación interrumpe mis sueños... Maestro yo, ¡vamos! Me dirás sin embargo quién te envió aquí. Sin duda, jovencito, que has extraviado el rumbo o alguien quiso jugarte una broma.

–No –insistió el adolescente–, estoy en el sitio indicado. Usted responde sin discusión posible a la descripción que se me hiciera; y de su boca acaban de brotar las palabras que me anunciaron que diría. Usted es el ilustre maestro Chen-Zu. Quiero ser su discípulo. Acépteme, se lo ruego...

En ese instante –¡oh inesperado éxtasis!–, mientras el postrero resplandor del ocaso acariciaba su rostro, Chen-Zu por fin comprendió todo. No hacía falta retirarse al desierto, a la nevada cumbre o a la selva impenetrable para contemplar la faz de Buda. Había sencillamente que apartarse de sí mismo, despejar el alma de la neblina de la ilusión. Donde quiera que él había huido, consigo arrastró el tropel de sus inquietudes, la tormenta silenciosa de sus ambiciones y deseos. Por eso fracasó.

Ahora él nada codiciaba, nada turbaba su reposo; ni siquiera ese magnífico atardecer que, por cierto, le era extrañamente familiar pues sonreía –¡claro que sí, era obvio!–, con la misma serena beatitud con que treinta años atrás lo había despedido del monasterio Mi-Lei, el Anciano de la Mirada Penetrante.

–¿Me aceptarás, maestro? –repitió el joven forastero que, arrodillado, aguardaba ansioso la respuesta de Chen-Zu.

–Te acepto –dijo el Iluminado–; y tu primera tarea consistirá en olvidar a qué viniste aquí...

–¿Cómo? –inquirió asombrado el visitante.

–Que sería estupendo que me ayudases a cargar agua del arroyo.

Y mientras ambos en animada conversación se dirigían hacia la orilla de la corriente, la noche encendía una a una en el cómplice cristal del firmamento sus incontables pupilas luminosas.

¡Cuidado con el tigre!

Al engreído siempre la va mal

Por qué, venerable maestro, a quien presume de alguna virtud o habilidad nunca deja usted de decirle afablemente pero con firmeza, que se acuerde del tigre? ¿Es que acaso tiene rayas el engreimiento como la piel de ese felino?

–Quizás no tenga rayas para ti –respondió con voz queda y gesto acogedor el anciano varón–, pero para el desventurado Tong-Wei no sólo tuvo rayas sino también colmillos... ¿No sabes lo que le sucedió?

–Confieso mi ignorancia, sapientísimo guía; pero si mi naturaleza basta y mis groseras inclinaciones no se lo impiden, tal vez acceda usted –de ningún modo lo merezco– a contarme esa historia.

–Lo haré, claro que lo haré –dijo el interpelado–; siéntate sobre esa esterilla y pronto habré satisfecho tu curiosidad. Escucha, es una fábula que rueda de boca en boca. A mis abuelos se la contaron sus abuelos, quienes a su vez la oyeron de labios de los suyos. Si a lo que narra damos fe, habitaba en las selváticas y calurosas comarcas que bañan las aguas rojizas del Río de las Tortugas un hombre llamado Tong-Wei, cuya destreza en las artes de la arquería hiciéronle famoso. Donde el ojo ponía enviaba la flecha. Nadie lo vio jamás fallar un solo tiro. Llegó a ser tan indiscutible su maestría con el arco y tantos sus triunfos en los innumerables torneos en los que participara, que Tong-Wei se volvió jactancioso. ¿No era acaso el mejor? ¿No aceptaban todos su evidente superioridad? Fue así como cierto atardecer, mientras cazaba, le deparó el azar un encuentro imprevisto; al cruzar unos matorrales espinosos se halla de súbito, en el claro del bosque, frente a un tigre gigantesco y amenazador. Más rápido que la centella coloca la saeta, apunta, estira la cuerda, ya va a disparar... Fue entonces cuando el animal feroz atinó a decir:

—No dudo, Tong-Wei, de que cuando sueltes tu flecha dejaré de existir; y honrado me sentiré de haber caído víctima de tan extraordinario cazador. Sin embargo, si la postrera súplica de un condenado logra conmover la nobleza de tu espíritu, yo te pediría que, antes de hacer diana en mi cuerpo, me demuestres tu sin par talento clavando el dardo en el nudo de aquel viejo roble.

Sorprendido, pero también halagado por las encomiásticas palabras de la fiera, se voltea Tong-Wei hacia el tronco, y en su mismo centro encaja la saeta.

–¡Maravilloso disparo! –exclama el carnívoro–; ¿y podrías darle a la despreocupada lagartija que se solaza al sol sobre aquella roca? ¿Alcanza a tanto tu virtud?

Sin pensarlo dos veces lanza el arquero la flecha sobre el diminuto blanco y parte en dos la lagartija...

–¡Formidable! ¡Increíble! –grita entusiasmado el temible felino–; y a la avecilla que trina en la copa de esa alta palmera, ¿acaso puede tu afilado proyectil hacerla callar?

Así Tong-Wei, cuya fatuidad el tigre lamía y relamía con la obsecuente solicitud de un perro fue, una tras otra, dilapidando en inocentes objetos sus mortíferas armas... Y el rayado predador no cesaba de elogiarlo:

–Eres portentoso, eres único, eres genial. Ningún cazador pudo jamás acometer la mitad de tus hazañas.

Cuando el arquero, cuya fatal soberbia no le cabía en el pecho, lanzó contra una mísera araña su último dardo, el tigre, que no esperaba otra cosa, saltó sobre el ahora indefenso cazador y en un abrir y cerrar de ojos hizo del sorprendido maestro de arquería deleitoso festín.

–¿Pero es verdadera esa historia, maestro? –preguntó incrédulo el joven catecúmeno.

–Eso nunca lo podremos saber, hijo mío. Mas de algo puedes estar seguro: donde el presumido se deja olfatear no tarda en aparecer un peligroso tigre... aunque no tenga rayas.

道

Los amantes

El amor vence a la muerte

En el espejo iridiscente del lago contempla la luna su enigmático rostro...

En las pupilas voraces de Tieng-Sin –doble imagen diminuta–, el semblante misterioso de Mi-Lai se reflejaba. ¡Cuánto se amaban! ¡Cuán entrañablemente se habían confundido el uno al otro en deleitable abrazo! ¡Qué jubilosos instantes vivieron juntos! ¿Cómo olvidar aquellos veranos transparentes, aquellas noches límpidas, testigos de su pasión, cuando al borde de la laguna, mientras la luna los nimbaba de opalescente luz, sus caricias se mecían en el regazo del viento?

–Te pareces a la luna, Mi-Lai; eres como ella, insondable y remota.

–Te asemejas al lago, Tieng-Sin; sobre tu superficie tibia mi rizada nostalgia se desnuda.

Mas sucedió que una infausta mañana, –ella le rogó que no saliera–, el esposo tuvo que ausentarse. Prometió regresar sin demora... Nunca retornó. Mi-Lai supo que jamás volvería a abrazar al amado cuando advirtió que la piel cristalina de la laguna se tornó rojiza y turbulenta, que los peces amanecían muertos por centenares con las bocas abiertas sobre la arena de la playa, y que el cielo, hasta entonces de una diafanidad incomparable, se convirtió en codiciada presa por la que ferozmente rivalizaban nubes aterradoras. En la fruncida comarca celestial ya no volvió a desgajar la luna su sonrisa de nácar.

Y Mi-Lai, desesperada, inconsolable, se deshizo en llanto. Cuando la fuente de sus lágrimas dejó resbalar la última gota por las pálidas mejillas de la joven, un hondo suspiro se le quebró en el pecho: había fallecido.

Los acongojados deudos cumplieron fielmente la voluntad de la hermosa mujer. Cremaron su cuerpo y, mezcladas con pétalos de aromáticas flores, echaron las cenizas al lago embravecido.

¿Fue mera casualidad? ¿Obró un designio extraño? No lo sabremos nunca, porque los hilos invisibles del azar los maneja el destino, y las facciones del asombro suelen ser las mismas que las de la despreocupada coincidencia... Lo único cierto −si damos fe a quienes esta historia cuentan− fue que apenas el último resto ennegrecido de Mi-Lai se hundió en las aguas, el vendaval cesó, dispersáronse los ennegrecidos nubarrones, se apaciguó la laguna, y en la frente lustrosa del firmamento lució nuevamente la noche su radiante diadema.

En el espejo iridiscente del lago contempla la luna su enigmático rostro. Y el lago le susurra:
–¡Oh, cuánto te pareces a Mi-Lai! Eres como ella, insondable y remota...
–Tienes, amado mío, la misma cara de Tieng-Sin. Sobre tu superficie tibia mi rizada nostalgia se desnuda.

道

La laguna
de los Ánades Blancos

Sólo aquietando el espíritu se alcanza el Tao

Qué debe hacer el aprendiz que con since ro ardor desea transitar por el Recto Camino y contemplar la faz deslumbradora de la divinidad?

Tsen-Ming formuló esta pregunta a su maestro, el Bienaventurado Luang-Po, una radiante mañana de verano. Lo que relato sucedió muchas generaciones atrás, en tiempos del Emperador Chu-Wen, a quien apodaban, no sin justicia, el Guerrero Implacable.

Pero volvamos a la pregunta del aspirante. El Iluminado dejó por un momento de podar las plantas del jardín (tarea en la que siempre se entretenía a esa hora) y respondió de esta forma a su discípulo:

–Hijo mío, para solucionar lo que te preocupa has de hacer lo que te digo: dirígete a la laguna de los Ánades Blancos, la que al pie del monte de los Venados extiende su frente solitaria en medio de los pinares olorosos. Aproxímate a su orilla y con mucho cuidado asómate a sus aguas; regresa entonces y dime qué fue lo que pudiste contemplar. –Así se expresó el sapientísimo Luang-Po, que de inmediato retornó a su interrumpida labor de jardinería.

Hizo el monje lo que su maestro le pidiese y cuando estuvo de regreso le habló de esta manera:

–Amado padre, fui, llegué a la laguna, me asomé a sus aguas y vi mi propia imagen que como un espejo la cristalina superficie me devolvía.

–¿Era nítida la imagen que observaron tus ojos? –inquirió el anciano.

–Una fuente de pulida plata no me hubiera podido reflejar con mayor nitidez –contestó el joven catecúmeno.

–Muy bien –prosiguió el santo eremita–, has de retornar ahora al mismo sitio, y cuando alcances la orilla de la laguna, en el exacto lugar en que antes estabas, lanza una piedra sobre las aguas y con una vara revuelve el lecho cenagoso; mientras a esto procedes, retorna a contemplarte en sus entrañas.

Sin tardanza cumplió el novicio lo que se le pedía. Y ya de regreso le dijo a su anciano mentor:

–Venerable Luang-Po, he aquí que siguiendo paso a paso tus instrucciones lancé una piedra al agua, revolví el fondo de la laguna con una vara y, cuando me incliné sobre su superficie, nada pude discernir salvo borrosas formas... mi imagen había desaparecido.

El sabio le respondió:

–Querido Tsen-Ming, por lo que me acabas de contar imagino que has acallado la inquietud que turbaba tu espíritu.

El joven quedó pensativo unos instantes y luego, con inocente expresión de aturdimiento confesó:

–Maestro, me avergüenza decirlo, pero en verdad sigo sin entender. Todavía ignoro qué ha de hacer el aprendiz para deleitarse con el rostro de la Divinidad. –Al terminar estas palabras, el mozalbete bajó apesadumbrado la cabeza.

Entonces el viejo director del monasterio le dirigió una mirada compasiva, y con acento reconfortante le preguntó:

–¿Por qué las mismas aguas en un momento reflejaban claramente tus rasgos y en otro posterior dejaban de reflejarlos?

–Porque al principio eran transparentes y tranquilas; y luego revueltas y sucias –contestó el mozo.

–A semejanza de ellas, hijo mío –prosiguió el Iluminado–, lo primero que debe hacer el que aspira a contemplar el rostro de la Divinidad es aquietar sus propias aguas, que la corriente de las pasiones enturbia con el lodo de los bajos instintos y de los placeres sensuales y con el agitado torbellino de los deseos y de los pensamientos que tales emociones provocan. Convierte tu espíritu en sosegado y transparente manantial; no permitas que el fango de la existencia manche el cristal de tu mirada; al Tao no le place reflejarse donde sólo hay excremento y podredumbre; en el agua apacible asomará su faz.

Tsen-Ming entendió. Sí, había entendido. Y no tardaron sus ojos en brillar con extraño fulgor, como brillaba al mediodía, gema resplandeciente, la solitaria laguna de los Ánades Blancos.

El hombre que descubrió la Verdad

Mientras vives la Verdad no se puede conocer; cuando mueres la hallas, pero ya no te sirve de nada conocerla

Wo-Tsi había pasado la vida entera tratando de desgarrar el velo tras el que oculta su rostro la Verdad. Interrogó a la piedra y la piedra le dijo:

–La Verdad es dura, compacta y quieta.

Elevó al cielo su pregunta, y el cielo le respondió:

–Es obvio, Wo-Tsi, que la Verdad es luminosa y azul, transparente e inmensa.

Interpeló al camino, de quien obtuvo la siguiente respuesta:

–Larga, polvorienta, y retorcida es la Verdad; el que con esos rasgos no la vea no la conoce.

Conversó con la rosa, y la rosa le susurró al oído:

–Suave, perfumada y leve es la cara virginal de la que turba tu reposo.

Pero ninguna de estas contestaciones satisfizo a Wo-Tsi. Engordó y enflaqueció la luna innumerables veces, y él seguía preguntando. Las lluvias de la primavera lo encontraban en la misma actitud inquisidora. La nieve del invierno no le hacía retroceder. El implacable sol del estío lo castigaba con fiereza, mas Wo-Tsi nunca dejó de interrogar.

Sin embargo la Verdad no aparecía. Evadía porfiada sus apremiantes redes. El fatigado viajero contempló desiertos y praderas, mares y montañas, bosques y ciudades e incontables criaturas grandes y pequeñas, dóciles y ariscas, mansas y feroces. Vio todo lo que se podía ver, y al que el azar podía en su trayecto preguntaba... pero la Verdad –desconsoladora incertidumbre–, se había esfumado; y el sitio que dejó libre lo ocupaban ahora nubes, hormigas, ríos, aves y mil otros seres multiformes que presumían, cada uno de ellos, de ser la Verdad, cuando Wo-Tsi sabía que se equivocaban o mentían, que, en todo caso, usurpaban una dignidad para la que no podían presentar credenciales auténticas.

Una mañana cierto viandante muy viejo y encorvado –porque no pasan en balde las estaciones–, se inclina melancólico sobre las límpidas aguas de una laguna. Y la laguna le dice:

–Wo-Tsi, tú querías saber cuál era el rostro de la Verdad... aquí lo tienes. –Y el espejo tranquilo del lago devolvió al peregrino su propia imagen.

¡Oh prodigio! Se topó el anciano con una figura cetrina, cadavérica, que no reconoció.

–¿Quién eres tú –le preguntó al reflejo con voz temblorosa.

–Yo soy la Verdad que siempre has buscado; ven a mis brazos, ¡te he esperado tanto tiempo!

No dudó el forastero ansioso ni un instante, se lanzó al agua y aferró por el cuello la Verdad.

Al otro día un grupo de pescadores encontró a orillas de la laguna el cuerpo sin vida de un anciano. Así solían morir los mendigos y nadie se extrañó... Éste, sin embargo, con luminoso gesto sonreía.

道

El devoto arrepentido

Para alcanzar el Tao es preciso despojarse de todo

A la puerta del cenobio de Lao-Ping, situado sobre una pedregosa meseta helada desde donde podía contemplarse la silueta imponente de la más elevada cordillera del mundo, llegó una tarde, agotado y polvoriento, un peregrino que dijo llamarse Mao-Chan. Vestía riquísima túnica de seda finamente trabajada; su cabello, tratado con esencias aromáticas, se recogía cuidadosamente en una trenza; y en los finos dedos, suaves y encarnados como los de la concubinas del harén imperial, fulguraban con brillo de lucero las gemas preciosas de los numerosos anillos que lucía.

Con gran solemnidad entra el visitante al retirado templo; entrega varios obsequios de mucho valor al monje que lo recibe; y pide hablar con el inefable maestro Luang-Chi, de quien era fama había logrado trasponer los misteriosos umbrales de la inmortalidad.

Cuando por fin ve al Iluminado, se echa aparatosamente Mao-Chan a sus pies, como si hubiera estado no en presencia de un anciano de mirada dulce y jovial expresión, sino frente al mismísimo Emperador de la Gran Muralla. El viejo anacoreta hizo que el forastero se levantara, y con hospitalaria voz, que más parecía provenir de garganta de mozalbete que de hombre de tan avanzada edad, le dijo:

–Mucho esfuerzo has empleado para ascender a este nido de águilas que sólo la ventisca y la nieve frecuentan, dime, ¿qué puede un torpe montañés que nunca ha leído a Confucio y apenas sabe conversar con el viento hacer por ti?...

–¡Oh tú, grande entre los grandes, cuya sabiduría Chuan y Lao igualan pero no superan!, he llegado a este sagrado recinto para pedirte humildemente que me muestres la Vía del Espíritu. De nada carezco. Mi riqueza sobrepasa la de muchos reyes. Mis favores se los disputan los monarcas. Poseo la más completa biblioteca de la China y no hay antojo, por extravagante que parezca, que no sea capaz, en un abrir y cerrar de ojos, de satisfacer. Sin embargo, ilustrísimo señor, una cosa me falta: la inmortalidad. Tras ella, desafiando los riesgos e incomodidades, he tocado a tu puerta.

Dime, sublime maestro, ¿qué he de hacer para alcanzar mi objetivo? –Tales fueron las palabras del honorable Mao-Chan, quien, como obediente mastín, insistía en echarse a los pies del anciano.

Éste volvió a impedírselo y luego, con semblante tranquilizador, se dirigió al que suplicaba en los siguientes términos:

–Dignísimo Mao-Chan, sé que es vehemente tu deseo y firme tu decisión de alcanzar la inmortalidad. Pero antes debo advertirte sobre los peligros que corres... Veamos: supón que atraviesas el mar en un navío cuyas bodegas están cargadas de joyas, exóticas telas y preciados manuscritos. En esto sobreviene un temporal y el esquife, maltrecho, comienza a hacer agua. El peso que lleva en sus entrañas hace inevitable el hundimiento y no se divisa tierra por ningún lado. ¿Qué harías si te encontraras en esas circunstancias?

–Echaría al mar la seda para que el barco pesara menos –contestó el interpelado.

–Me parece muy razonable... mas el buque sigue hundiéndose, ¿cuál es entonces tu decisión? –prosiguió implacable el eremita.

–En ese caso, con dolor de mi alma, lanzaría al mar los manuscritos –respondió Mao-Chan.

–Excelente medida, pero infecunda; el bajel naufraga aún. Dime qué harás y hazlo rápidamente –fueron las palabras del maestro.

–Otra alternativa no queda sino tirar por la borda los cofres llenos de piedras preciosas; eso es lo que haría con lágrimas en los ojos, sublime Luang-Chi –acertó a decir, la voz entrecortada, el perplejo visitante.

–No cabe duda –afirmó el sabio–, que habrías actuado con inteligencia... ocurre, no obstante, que el navío amenaza todavía con irse a pique; la única manera de salvarse es echarse al agua sin demora; pero estás cubierto de finos atavíos, de lujosos adornos, collares, medallones, anillos... por favor, explícame, ¿qué harás para salvarte?

–Me quitaría toda la ropa, me despojaría de los ornamentos y, no sin antes encomendar mi alma al cielo, me entregaría a la voluntad de las olas –respondió tragando saliva el honorable huésped.

–Entonces, hijo mío, comienza de una vez a deshacerte del lastre que has traído; pues si desnudo puedes apenas conservar esperanza de flotar en medio del impetuoso océano, para nadar en el Tao, que es mil veces más sutil que el agua, no basta que prescindas de riqueza y atavíos fastuosos... el simple pensamiento resultará demasiado pesado.

Eso dijo el Bienaventurado. Y aseguran los que narran esta historia que Mao-Chan decidió retornar a su país de origen donde, temido y envidiado, murió veinte años después, sin haber podido contemplar el rostro deslumbrante del Único, y sin que el oro por él acumulado pudiese devolver a sus despojos fríos el aliento vital.

Una discusión en el camino

No vayas tras el Tao; quédate donde estás,
y Él tal vez venga a ti

os discípulos de Hai-Mo-Peng, el Venerable Anciano, conversaban un día con su maestro mientras recorrían el escabroso sendero de montaña que conduce hacia el monasterio, célebre entre los reputados, de Lu-Nan. En medio de la marcha el más avezado de los aprendices se dirigió al Inmortal con estas palabras:

–Maestro, háblanos del bien.

Hai-Mo-Peng, cuyo buen humor era proverbial, disfrutaba en ese momento de la contemplación de un extraordinario paisaje agreste, pero condescendió al deseo del monje y así se expresó:

–El que practica el bien se granjea fama de virtuoso. El que obtiene esa fama consigue honores. Quien consigue honores es buscado por la gente. Aquel a quien la multitud acude tiene poder. El que acumula poder siembra envidia y animadversión. Y el que ha sido causa de tan bajos sentimientos, termina siempre creándose problemas... El camino del bien y el de la Perfección nunca se han cruzado.

Chu-Ting, otro monje de la comitiva, al escuchar estas palabras preguntó:

–Pero si no practicamos el bien, ¿no podría el mal, destruyendo la virtud, adueñarse del mundo?

Siempre sonriente, contestó entonces el interpelado:

–Si en una tinaja que sólo contiene aire viertes agua hasta llenarla, ¿qué sucede con el aire que había?

Ante el imprevisto cuestionamiento, luego de vacilar un instante, responde el catecúmeno:

–Me imagino que cuando el agua entra en la tinaja el aire es expulsado fuera de ella.

Pues así mismo sucede con el bien –razonó el sabio caminante–; supón que el mal es el agua y el bien el aire; el mal desaloja a la virtud de la tinaja, pero no la destruye, se limita a empujarla hacia otra parte.

Wan-Tse, que había logrado situarse al lado del maestro aprovechando que la trilla se ensanchaba, rompió el silencio surgido a partir de las últimas expresiones del Iluminado para intervenir:

–Nos has hablado de los perjuicios que la práctica de la virtud ocasiona. ¿Significa lo dicho que el vicio, por el contrario, sería fuente de bienestar?

Al tiempo que contemplaba con atención una flor amarilla que acababa de recoger, respondió el sabio:

—El que se entrega al mal perjudica a los que le rodean. El que con la violencia y el engaño perjudica, hace prosperar sus bienes y haciendas. El que se enriquece tiene poder. El que adquiere poder despierta la envidia y la maledicencia. Y el que tales sentimientos se granjea no puede vivir feliz ni disfrutar de lo que posee. El hombre sabio evita la infelicidad. El camino de la Perfección nunca se ha juntado con el del vicio.

Xuen-Pao, otro de los monjes que se dirigían al templo de Lu-Nan por aquel accidentado desfiladero, después de reflexionar un buen rato se explayó de la siguiente manera:

—Venerable maestro, ¿no podría la consagración al bien terminar por destruir el mal?

La respuesta del Inmortal no demoró:

—¿Recuerdas la tinaja que estaba llena de aire?... Supón que el aire es el mal; viertes en ella agua hasta colmarla, y el agua es el bien. ¿Qué sucede con el aire que había?

—El aire —contesta Xueng-Pao—, es echado fuera y el agua ocupa su lugar.

–Entonces –prosigue el maestro–, la virtud nunca podrá destruir al vicio, sólo será capaz de desplazarlo.

–Pero –volvió a intervenir el monje que primero había hablado–, si la práctica de la virtud no es el Camino ni lo es tampoco la práctica del vicio, ¿qué hacer entonces?, ¿cómo alcanzar la Perfección?, ¿cuál es el Camino?

Y habló el Iluminado:

–Todos los caminos extravían porque al conducirte a un sitio te niegan la posibilidad de dirigirte a otro. No hay camino para alcanzar el Tao. Lo único que puedes hacer es vivir y quedarte sentado a la sombra de un árbol frondoso.

En esto, llegaron al templo de Lu-Nam, y el maestro aprovechó la ocasión para decir:

–Tal vez creáis que hemos llegado al templo. Yo os digo, sin embargo, que jamás he ido a Lu-Nam. Lu-Nam, porque así lo ha querido, ha venido hasta mí. –Y echándose sobre una esterilla, más amplia que nunca la sonrisa en los labios, se puso a meditar.

El barquero

*La auténtica sabiduría no es ostentosa
y consiste en vivir de manera adecuada*

Ho-Mi-Tang y Fung-Mai no lograban poner-se de acuerdo respecto de cuál ciudada-no merecía el título de hombre más sabio del reino. Mucho tiempo discutieron en torno al asunto, hasta que decidieron solucionar sus diferencias cursándole una visita, del otro la-do del río Yen, al prudente Zan-Zi, cuya fama de ecuánime y sensato había tomado ribetes de leyenda por aquellos contornos.

Mientras el barquero, larga pértiga en mano, empujaba hacia la orilla la balsa en la que iban Ho-Mi-Tang y Fung-Mai, oían los dos pasajeros una extraña canción que brotaba de los labios del hábil piloto, como alegre manantial:

Los peces no preguntan, las aves no responden,
el viento nada sabe pero el sol siempre alumbra
y, enigma venturoso, al empujar mi barca
la orilla viene a mí.

Al llegar a tierra los dos viajeros dieron al barquero una moneda y emprendieron camino, sin mayor dilación, hacia la vivienda del circunspecto Zan-Zi. Luego que éste los recibiera con hospitalidad nada fingida, le confesó Fung-Mai el motivo de aquella visita intempestiva:

–Admirado amigo, a ti hemos acudido para que nos ayudes a zanjar un problema que, desde hace meses, es causa de ásperos debates entre Ho-Mi-Tang y yo.

–¿Y cuál es el origen de su disputa? –interrogó con apacible ademán conciliatorio el anfitrión. Entonces habló Ho-Mi-Tang y así se expresó:

–Fung-Mai y yo no conseguimos ponernos de acuerdo acerca de quién es en la actualidad el sabio más prominente del país. Afirma él que en punto a sabiduría nadie puede compararse con Chu-Zai, el Gran Consejero de nuestro magnánimo soberano; mientras que yo, en cambio, arguyo a favor de Ti-Fai-Po, el respetable letrado de la ciudad de Chuan... Deseamos que seas tú nuestro juez y que sentencies cuál de nosotros tiene razón, y cuál se equivoca.

El prudente Zan-Zi no pudo evitar que la flor de una sonrisa asomara a sus labios, y segundos después, con la delicadeza que le caracterizaba, reflexionó con palabras del siguiente tenor:

–El funcionario Chu-Zai, Consejero de nuestro amadísimo soberano, es hombre versado en muchas artes, sin duda alguna. Gracias a su recta orientación el país ha encontrado la paz y el sosiego, y el pueblo no pasa hambre y se siente feliz. Sin embargo, Chu-Zai tiene una esposa y cinco concubinas que viven peleando y contando chismes unas de otras. Su vida familiar está lejos de ser un idilio. El hombre perfecto resuelve primero los problemas pequeños, para luego solucionar los grandes. Porque el bien y el mal están en la semilla. Después que el árbol crece nada se puede hacer. Chu-Zai conoce muy bien cómo gobernar los asuntos del Estado, pero sospecho no tiene la menor idea de cómo dirigirse a sí mismo.

–En cuanto al eminente letrado Ti-Fai-Po, –continuó con implacable dulzura su análisis el interpelado–, nadie podría sin pecar de injusto desconocer sus méritos. Recita a las mil maravillas lo que se ha escrito desde la era del Emperador Amarillo hasta nuestros días. Las normas de la benevolencia y el deber no guardan misterio para su mente acuciosa y vigilante. Sin embargo, Ti-Fai-Po polemiza con acritud y no tolera que otro pueda pensar de manera distinta a la suya. A nadie se le ocurriría edificar una casa colocando el techo antes que las paredes o las paredes antes que los cimientos. El respetable letrado de la ciudad de Chuan ha edificado el templo de su sapiencia de esa manera torpe y absurda; por tal razón sabe mucho de lo que no interesa y poco de lo que en realidad importa.

Al dar por terminado su discurso, Fung-Mai, que lo escuchaba perplejo, preguntó al improvisado juez:

–Pero si Ti-Fai-Po, el letrado, no es sabio, ni tampoco podemos aplicar ese calificativo al Consejero Chun-Zai, ¿quién consideras tú ha podido alcanzar la cima de la Perfección?

–El hombre más sabio que he conocido, –contesta Zan-Zi sin titubear–, se llama Lu-Xi-Wai.

–¿Lu-Xi-Wai? –interrumpe asombrado Ho-Mi-Tang–, nunca lo he oído mencionar... ¿Quién es él? ¿Qué hace? ¿Dónde vive? Dínoslo de una vez, que deseamos ver su rostro y rendirle homenaje.

–Ya lo habéis conocido –repuso el avisado anfitrión–, Lu-Xi-Wai es el nombre del barquero que os hizo cruzar el río Yen sobre su balsa de bambú.

–¡Un barquero, un hombre simple, un rústico es, a tu juicio el hombre más sabio de estos parajes! –exclamaron no sin cierto dejo de incredulidad y de mofa los visitantes.

–A ver, explícanos en qué consiste la sabiduría de ese barquero –añadió Fung-Mai.

Sin inmutarse, Zan-Zi contestó:

–Amigos míos, la sabiduría de Lu-Xi-Wai es inconmensurable por lo siguiente: cuando él recoge algún pasajero para trasladarlo de una orilla a la otra, mide primero con la mirada la fuerza de la corriente. Luego que se lanza al agua no lucha contara ella sino que, con su pértiga, aprovecha el impulso del mismo oleaje para arribar a donde desea. Y mientras canta una canción, sus brazos piensan por él y empujan la barca sin esfuerzo hasta la arena, donde suavemente, como a un recién nacido, la recuesta... Lu-Xi-Wai subsiste decorosamente de lo que gana con su trabajo en el río, y aunque vive parcamente en una humilde choza, está contento con lo que produce, no pasa hambre, su mujer e hijos lo adoran y mantiene una conducta ejemplar. Lu-Xi-Wai es un hombre perfecto. Como carece de mundanos deseos, el mundo entero se inclina a su voluntad, y aun cuando nunca ha leído un libro, ni ha gastado los ojos sobre añosos pergaminos o amarillentos códices, es un auténtico sabio ya que nada fundamental, o sea, nada de lo que atañe a su propia persona y allegados, escapa a su agudeza y perspicacia.

Cuando, de regreso a su lugar de origen, Ho-Mi-Tang y Fung-Mai volvieron a cruzar el río en la balsa de bambú de aquel sencillo barquero, lo escucharon entonar otra copla que nunca pudieron olvidar. Así decía:

Nadie responde al que pregunta
sólo el que ignora sabe algo
y como el agua bajo mi barca fluye
y brilla el cielo encima de mis hombros
con sólo esta canción para vivir me basta.

Apenas entonces empezaron los viajeros discutidores a considerar la posibilidad de que Zan-Zi, el juez al que acudieran y cuya sentencia no aceptaran, después de todo, podría no haberse equivocado.

道

El buen
y el mal gobierno

*Sólo en una sociedad donde cada cual se preocupa
por los demás puede haber buen gobierno*

Qué es el mal gobierno? –preguntó Yuang-Mi-Lai al venerable Ho-Meng-Zi, seguro de que la respuesta del anciano maestro brindaría a su espíritu suculenta enseñanza.

Con gesto apacible contestó el Inmortal:

–El mal gobierno es una carreta que rebosa de exquisitos manjares. La carreta está rodeada de una inmensa muchedumbre a la que se le hace agua la boca contemplando los deliciosos platos que en su interior humean. Pero ninguno de los allí congregados puede tocar el alimento a menos que logre conducir el pesado vehículo hacia la fortaleza que se divisa al final del camino. Pues ocurre que sólo en ese lugar almenado puede la comida enfriarse y ser saboreada... He aquí, sin embargo, que el carruaje está encantado, y así obra el hechizo: quien sólo presta atención a su apetito confunde su deseo con la realidad. Y no hay en la efervescente multitud de hambreados quien no piense de esta manera: "Si llego primero comeré más; si llego último no me dejarán comida. Cruzaré la puerta blindada del castillo antes que los otros". La obsesión por alcanzar la ciudadela antes que los demás hace que el encantamiento funcione, de modo que los miembros de aquella nutrida comitiva comienzan a imaginar su meta, unos al sur, otros al norte, quienes al este, quienes al oeste. Cada individuo tira de la carreta en dirección del espejismo que toma por real, y la carreta, por supuesto, no se mueve. Con el festín delante de los ojos, todos, sin excepción, desfallecen de hambre... Ése, amado discípulo es, sin ninguna duda, el mal gobierno.

–Y el buen gobierno –insistió Yuang-Ming-Lai–, ¿en qué puede entonces consistir?

Con una indefinible sonrisa asomando a los labios, contestó el viejo asceta:

–El buen gobierno es una carreta que rebosa de exquisitos manjares. A su alrededor se mueve una inmensa muchedumbre a la que se le hace agua la boca contemplando las deliciosas fuentes que humean en su interior. Pero de la ansiosa concurrencia nadie puede tocar el alimento a menos que logre conducir el pesado vehículo hasta la fortaleza que, imponente, se levanta al final del camino; pues sólo en ese lugar podrá la comida enfriarse y ser saboreada... He aquí, sin embargo, que un encantamiento obra sobre los miembros de esa famélica reunión; consiste el hechizo en que el individuo que sólo presta atención a su apetito, ve delante de sí el espejismo que forja su deseo. Y no hay en la multitud quien no piense de esta manera: "Si llego primero guardaré los mejores bocados para quienes vengan detrás de mí, pues de seguro que por ser los últimos estarán más hambreados y débiles que yo". Como todos piensan de esa forma, nadie se precipita, y puesto que no hay obsesión por llegar, el sortilegio no funciona. Todos ven la ciudadela en el mismo lugar, y todos ven un solo camino para alcanzar sus almenadas torres. Empujada vigorosamente, no transcurre mucho tiempo sin que la carreta traspase el amurallado recinto, donde cada cual saboreará hasta saciarse los manjares y el vino... ¿Cuál otro sino ése podría ser, querido novicio, el buen gobierno?

Yuang-Mi-Lai sonrió. Era evidente que la respuesta del Iluminado lo había dejado satisfecho.

La princesa y el charco

Alegórica contraposición de la soberbia y la dignidad

Inmundo lodazal, si yo fuera tú no cesaría de dar gracias al cielo por haberte sonreído la suerte cuando, descuidada, rozó mi planta tu innoble superficie. –Estas palabras altaneras las pronunció, indignada y con gesto despectivo, la princesa Hai-Tsin, al resbalar su pie menudo en el charco que la lluvia reciente había formado.

Y el charco dignamente respondió:

–Alteza, si yo fuera usted, nunca me secaría el talón que tuvo el privilegio de bañarse en las aguas donde, en la noche, vendrá a abrevar el rebaño luminoso de los astros.

道

El Viejo de la Mirada Cavernosa

*No es sensato vivir obsesionado
por lo que nos aguarda tras la muerte*

Lo que añoras saber sólo Ho-Chi-Ma, el Viejo de la Mirada Cavernosa, te lo puede decir. –Estas palabras evasivas las dirigió Wei-Tang, el venerable maestro del monasterio del Valle de las Cigüeñas, a su incorregible discípulo Cheng-Miu.

Mas, como era de esperar, Cheng-Miu no quedó satisfecho con la respuesta del esclarecido guía... ¿Qué misterio ocultaban los portones sellados de la muerte? Tal era la pregunta con la que importunaba día tras día a su preceptor.

–Si es Ho-Chi-Ma el que me puede complacer, revéleme entonces dónde encontrarlo; mi existencia carecerá de sosiego mientras no logre resolver ese enigma.

–Es inútil buscar al Viejo de la Mirada Cavernosa, hijo mío; confía en que él te encontrará a su debido tiempo.

La advertencia prudente del monje no halló, sin embargo, favorable acogida en el ánimo demasiado empecinado del aprendiz. Fue así como, desoyendo la voz del sentido común y desentendiéndose de la más elemental cautela, decide el joven partir, una ventosa mañana de otoño, tras el escurridizo maestro Ho-Chi-Ma, no sin antes jurar solemnemente que daría con él, aunque para ello tuviese que escudriñar en las más remotas aldeas de la China.

En ese instante no podía figurarse Cheng-Miu cuán larga y fatigosa habría de ser su búsqueda. ¿Para qué entretenerme contando sus estériles indagaciones? ¿A cuántas cordilleras no trepó?, ¿cuántos ríos no atravesó?, ¿cuántos hostiles pedregales y desafiantes páramos no hollaron sus sandalias?... Pero Ho-Chi-Ma no aparecía. La populosa urbe, el insignificante villorrio, la mansión fastuosa y la choza miserable llegaron a familiarizarse –tan frecuentes fueron sus visitas–, con los errantes pasos del frustrado viajero... Pero Ho-Chi-Ma no aparecía. Nadie pudo nunca indicarle, ni siquiera de modo aproximado, con una pista vaga, dónde hallar al que no había dejado rastro alguno de su elusiva presencia.

En el hilo inescrutable del tiempo, una a una, las cuentas de los años se ensartaban. Y Cheng-Miu seguía buscando. Pero Ho-Chi-Ma no aparecía.

Una mañana de otoño húmeda y legañosa, el ahora anciano peregrino se echa a reposar bajo un frondoso roble. Y ciérranse los pesados párpados, y se duerme, y comienza a soñar, y se ve a sí mismo conversando con su antiguo maestro Wei-Tang en el desnudo monasterio del Valle de las Cigüeñas; y luego se ve partir al encuentro de aquel cuyo rostro jamás lograría divisar; y pudo contemplarse también recorriendo todos los caminos del reino, hurgando en todos los rincones, tocando a la puerta de la cabaña humilde y del soberbio palacete..., y, por último –¡qué desconcertante experiencia!–, se ve llegar hasta los pies de un roble a cuya sombra hospitalaria se tiende y se queda dormido.

Entonces brotando súbitamente de las sombras, Él se presentó. De un salto, agitado y temeroso, se levanta el que sueña y atina a preguntar:

–¿Quién eres?

–Te has pasado la vida entera tras de mí, y no eres capaz de reconocerme... Soy el Viejo de la Mirada Cavernosa; aquí me tienes; es tiempo ya de satisfacer tu anhelo... si te acercas te diré al oído lo que siempre has querido escuchar; descubrirás ahora el enigma que encubren celosamente los portones de la muerte.

Cual junco frágil que el viento sacude, temblaba de emoción el peregrino. Ya aproxima Ho-Chi-Ma sus labios al oído del impaciente Cheng-Miu, ya habla y el terrible secreto, como torva bandada de murciélagos, se despeñó en tropel de su garganta.

Fue así como el aprendiz, a los ciento cinco años de edad, alcanzó su propósito. No le había engañado Wei-Tang, el maestro de su remota adolescencia. Pues sin duda el Viejo de la Mirada Cavernosa conocía lo que él tanto desaba saber... Pero ahora, cuando las heladas expresiones de Ho-Chi-Ma le habían por fin revelado el enigma, de poco le servía lo que acababa de descubrir... Ya no había manera de remover de su definitivo letargo al anciano caminante que, bajo un roble de risueño follaje, quiso aquella mañana húmeda y legañosa echarse a descansar.

道

La enseñanza del pozo

Al imprudente siempre le va mal

En qué consiste la prudencia?"... La pregunta surgió de súbito en la mente del joven aspirante Lao-Ming, al inclinarse sobre la frágil barandilla del pozo a donde su maestro lo había enviado con el encargo de que acarrease un balde de agua al monasterio.

Cuál no sería la sorpresa del monje cuando del vientre oscuro de la cisterna una voz afable y susurrante le responde:

–Amado Lao-Ming, si deseas saber qué es la prudencia sólo tienes que prestar atención a lo que voy a decir... La prudencia es... –pero la última parte de la frase fue pronunciada en voz tan apagada que el mozo, por más que agudizó el oído, no alcanzó a percibir lo que aquellos invisibles labios referían.

–Disculpa, pozo amigo, no entendí bien lo que me dijiste. ¿Serías tan bondadoso de repetir tus razones?

–Por supuesto, la prudencia es... –Nuevamente el discurso se desvaneció en la húmeda garganta de la alberca, de modo que al contrariado catecúmeno sólo llegó un ininteligible balbuceo.

–No escuché, no escuché, repite, por favor.

–La prudencia es...

Desesperado, y no queriendo fracasar una vez más en su intento de conocer el extraño secreto del aljibe, Lao-Ming se inclina temerariamente sobre la baranda, cede ésta, un grito quiebra el místico sosiego del ocaso y el infortunado mozalbete va a parar al agua fría.

Aun no repuesto por completo del susto, aferrado a las paredes de piedra de la imprevista bañera en la que le tocara darse tan desagradable chapuzón, puede por fin el monje entender con claridad (aunque tal vez demasiado tarde) las palabras del pozo...:

–La prudencia consiste en no recostarte en una baranda floja.

道

El silencio

Aquieta la mente y el Tao aparecerá sin que lo notes

Leng-Tsi-Mai, el que perforó las Tinieblas del Enigma, desde tiempos inmemoriales habitaba una apartada gruta de las Montañas del Viento Susurrante, cuyo acceso hasta para las cabras silvestres resultaba fragoso. Entre otras virtudes, el gran maestro había adquirido fama por su mutismo; pocas veces lo escucharon hablar, pues, a su entender, la práctica del silencio era la vía más expedita para alcanzar al Único.

Cierta noche de verano, mientras una luna gorda y satisfecha colgaba de la bóveda celeste, sorprende el Iluminado a la callada concurrencia de sus discípulos –jóvenes de mirada tímida y sencilla expresión–, con estas palabras:

–Hijos, no hagáis tanto ruido que no me dejáis concentrar.

No pudieron ocultar los monjes su perplejidad ya que, atenidos a los preceptos del sabio, ninguno había osado, desde que se les permitió residir en aquella cueva, interrumpir con vana conversación el éxtasis del maestro.

Entonces Chun-Pen, el decano de los aprendices, se atrevió a hablar:

–Sublime señor, tal vez me equivoque, pues no tiene límites mi ignorancia, pero, hasta donde he podido darme cuenta, ni mis compañeros ni yo hemos profanado con la lengua el sagrado recinto de este templo.

–No he dicho que habéis hablado. Afirmé que hacéis demasiado ruido... vuestros pensamientos son excesivamente bulliciosos y ahuyentan al Tao como las piedras torpes del cazador inexperto alertan y hacen que escape, dando ágiles saltos, la montaraz gacela. ¿De qué sirve callar con la boca si no sois capaces de amordazar vuestras mentes? –amonestó el viejo anacoreta a sus sorprendidos catecúmenos.

Mi-Po, el monje que siempre sonreía, no pudo entonces contenerse:

–Venerable Leng-Tsi-Mai, ¿sois acaso capaz de escuchar los pensamientos?

–Hijo –contestó el anciano–, las palabras no son más que humo; el fuego está en el pensamiento. Ninguna acción es capaz de ocultar sus huellas; quien sabe rastrear encuentra al imprudente que las dejó regadas. Si quieres apagar un incendio, ¿qué haces: espantas el humo con un abanico o derramas agua sobre la hambrienta llama?

El interpelado respondió:

–Echo agua sobre el fuego, maestro; es la única forma de apagarlo.

–Bien –prosiguió el Iluminado–, es eso lo que deseo que hagáis. No os impongo el silencio para que vuestro cerebro se vuelva charlatán como una comadre chismosa. Prestadme atención, que no pienso repetir lo que diré: La idea es el cadáver de la vida. La vida, el eterno Tao. El pensamiento, asesino implacable, degüella con el filo sanguinario de las palabras todo lo que a su alcance encuentra. Por eso el lenguaje resulta ser un vasto cementerio y la realidad nombrada un ordenado conjunto de inservibles osarios. Tan pronto el vocablo da forma a la idea, se fragmenta el mundo; lo Uno se hace múltiple, el gorgojo del cambio se adueña de las cosas e impone el tiempo su ley de obsolescencia y muerte. Pensar es separarse del Tao; separarse del Tao es condenarse a la angustia de lo efímero, entregarse en brazos de la ilusión.

–Sin embargo, venerable maestro –intervino Chen-Tung, monje de gesto pausado que siempre trataba de pasar inadvertido–, lo que acabáis de exponer lo habéis dicho con palabras y os hemos entendido. Si fuera inútil el lenguaje, ¿por qué insistir en explicar lo que de toda explicación carece?

—Amado Chen-Tung, sutil reflexión la que acabas de formular —comenta afable el eremita—; pero responde a esta pregunta, ¿a qué reino pertenece la rana, al del agua o al de la tierra?

—Si no me equivoco a ambos, sublime señor —contestó el discípulo.

—Has razonado atinadamente, hijo mío. Supón ahora que el hombre sea también una criatura anfibia: vive entre los angostos límites del pensamiento, pero le es posible, si así se lo propone, navegar en la inmensidad del Tao. Sólo que para alcanzar al Único no puede dejar de partir de su escindida visión de la realidad. El navío debe primero aproximarse a la costa para que los pasajeros puedan abordarlo. La naturaleza humana es tal que sin el pensamiento no sabríamos darnos cuenta de que existe el Tao ni, en consecuencia, ejercitar nuestra voluntad para abrazarlo. Pero, a la vez, mientras no escapemos de los ardides de la mente, de las celadas del discurso, el Único seguirá ocultándose a nuestra vista. Por eso, hijo mío, es el silencio el camino que conduce a la liberación; pero el camino se abre paso entre la maleza. Donde no hay maleza no hay camino. Donde no hay ilusión tampoco puede palpitar el Tao.

El maestro calló. Dicen que durante doscientos años no volvió a abrir la boca.

El valle
de Hong-Pei

La virtud posee más de un semblante

E l hombre recto que aspira a la Verdad ha de mostrar una sola cara y no debe mudar su compostura –afirmó en cierta ocasión Ming-Chu a su maestro, el benemérito Wei-Tang. Y éste le respondio formulándole la siguiente pregunta:

–¿Conoces el valle de Hong-Pei?

–Por supuesto que lo conozco, reverendísimo padre, allí nací y he vivido hasta hace apenas un año.

–Podrás entonces contarme –continuó diciendo el Iluminado–, qué aspecto muestra esa comarca en el estío.

–En esa fecha su rostro es verde. Los frutos sazonan en las ramas. El sol se estruja violentamente contra los tejados y la gente, en las noches, sale a la plaza a conversar –repuso el discípulo, no sin que un mohín de añoranza se le escurriera por entre la sonrisa.

–Y al llegar el otoño, ¿qué sucede? –insistió el anciano guía.

–En otoño –contestó Ming-Chu–, sopla el viento en furiosas ráfagas. Graniza con frecuencia y las hojas muertas cubren el campo con un tapiz rojizo.

–Supongo que el invierno no introduce ninguna novedad en el paisaje que acabas de describir –comentó entonces el venerable Wei-Tang.

–Se equivoca, maestro –corrigió el catecúmeno con presteza–, en los meses de invierno todo es diferente: el sol, enfermizo y pálido, brilla en el cielo pero no calienta; los árboles desnudos parecen espectros cenicientos; y una blanca y espesa capa de nieve se extiende hasta donde alcanza la mirada.

El monje, que escuchaba con piadosa atención al mozalbete, otra vez preguntó:

–¿Tiene la primavera allá, en Hong-Pei, el mismo ceño adusto que acabas de describir?

Y Ming-Chu, condescendiendo respondió:

–El valle resucita en primavera; se derrite la nieve; brotan por doquier flores de colores vivísimos y punzante fragancia, y en bandadas nutridas retornan de distantes parajes las aves migratorias.

–Entonces, hijo mío –con voz insinuante se dirigía ahora el sabio varón al imberbe aprendiz–, aclárame, porque estoy confundido, lo siguiente: ¿cuál de esos cuatro valles que tus certeras palabras dibujaron es el verdadero valle de Hong-Pei?

–... Esclarecido guía –balbuceó aturdido el aspirante–, no hay cuatro valles, es sólo uno que varía de aspecto según la estación.

–¡Ah, ya entendí!, –exclamó el monje–. En ese caso, querido Ming-Chu, permíteme que disienta de ti cuando proclamas que quien aspira a la Verdad ha de mostrar una sola cara y no debe mudar su compostura. ¿Es acaso el hombre menos que un valle? Si a éste lo reputas de auténtico no importa cual sea su apariencia, ¿por qué no podría el que persigue la Virtud comportarse de idéntico modo sin que tengamos por ello que acusarlo de que la ofende?

En ese instante las razones del maestro no germinaron en el espíritu demasiado silvestre de Ming-Chu. Pero el preceptor no le dio importancia a la pueril obstinación de su discípulo. Después de todo, es necedad pedirle nieve al verano y flores al invierno, y quién ignora que la mocedad es penosa dolencia para la que sólo el tiempo encuentra medicina.

El pincel milagroso

*Competir por ser el mejor termina
por destruir al que compite*

Tu pintura es extraordinaria, Mi-Feng... Sólo Hai-Nang, el Maestro Inimitable, te rebasa. –¡Cuántas veces, encubriendo su amargura con sonrisa protocolar, había escuchado Mi-Feng de boca de los grandes del reino, palabras semejantes!

–Ciertamente, ilustrísima Eminencia, los cuadros de Hai-Nang son insuperables. La única ventaja que le llevo es que él está muerto y yo estoy vivo –era la contestación que afloraba a los labios del irritado creador cuando, después de contemplar con regocijo alguna de sus obras, el príncipe que la encargara cometía la inexcusable indiscreción de encarecerla, pero acudiendo sin falta al peregrino expediente de compararla desfavorablemente con la pintura del insigne maestro fallecido.

¿De qué gloria presumiría Mi-Feng? ¿De poder haber sido el artista más grande de todos los tiempos si Hai-Nang, pocos años antes, no hubiera tenido la deplorable ocurrencia de pintar? Pero lo terrible del caso era que quienes así se expresaban tenían razón, demasiada razón. Hai-Nang pintaba como un dios, no como un hombre. ¡Qué colores tan vivos! ¡Qué frescura en el trazo! ¡Cuánta delicadeza en la expresión! ¡Cuánta fantasía en el diseño! ¡Qué exquisitez en la factura! Eran los cuadros de ese maestro, sin excepción, testimonios maravillosos de la mano portentosa de un artista que había logrado extraer a la naturaleza el más preciado enigma, la más aromática fragancia espiritual.

Un día, no pudiendo tolerar por más tiempo esa sorda disputa con un cadáver, decide Mi-Feng visitar el pueblo donde el legendario artífice había nacido, trabajado y entregado, no muchos lustros atrás, su último aliento. Luego de largas y tediosas jornadas por inseguros caminos, llega el peregrino a una prosaica aldea perdida en las montañas. Allí, frente a sus ojos, se levanta la modesta vivienda del que prematuramente, en plena flor de la juventud, cuando más dulce y prometedora se le regalaba la existencia, desapareciera víctima de una dolencia inexplicable...

En el recinto principal de la casa (ahora abandonada) yérguese una tela con el autorretrato del pintor; frente a la tela, sobre rústico taburete de roble, un viejo y gastado pincel. Mi-Feng contempló detenidamente el retrato de su rival. Era un rostro demacrado y triste, el rostro de un adolescente al que de súbito cien años de infortunio hubieran aplastado, dejando sobre el semblante un rastro desolador de ojeras, arrugas y laceraciones violáceas.

Por fin se hallaba ante el fantasma de su competidor. Era esa sombra amarga la que le había hurtado su reposo. ¿Cuál podía ser el secreto de Hai-Nang? ¿De qué hechizo se había valido para pintar como nadie antes lo había hecho? ¿Por qué no lograba Mi-Feng, a pesar de sus dotes privilegiadas y finísima sensibilidad, conjurar un mundo de formas tan simple y tan osado como el que había brotado del numen incomparable del artista cuya atribulada imagen en ese mismo instante contemplaba? ¿A qué atribuir la repentina enfermedad que, de manera implacable, había arrebatado la vida a su infortunado contendiente? Y, sobre todo, ¿por qué creía percibir en las anhelantes facciones de Hai-Nang una extraña y amenazadora sonrisa?

Fue entonces cuando, estupefacto, oyó que alguien le dirigía estas palabras:

–Mi-Feng, eres un magnífico pintor, pero sólo pintas con arte. Para alcanzar la perfección de Hai-Nang has de pintar con tu vida. Si estás dispuesto a pagar el precio, yo te ayudaré.

¿Quién habló de ese modo?... El pincel. Había descubierto el secreto de Hai-Nang. La clave del misterio era ese pincel extraordinario. Con gesto nervioso lo echó en su saco de viaje y a marchas forzadas hizo el trayecto de regreso, mordido por la impaciencia, espoleado por la ansiedad de poner a prueba su nueva adquisición.

–Mi-Feng, ¿cómo lo has conseguido?; has superado a Hai-Nang. Pero cuida tu salud. Luces pálido y has enflaquecido mucho.

–Mi-Feng, nada tienes que envidiarle ya al maestro Hai-Nang; tus cuadros son mejores que los suyos... pero ¿por qué te noto tan débil y desmejorado?

–Te felicito, Mi-Feng, eres sin duda, el artista más grande de todos los tiempos... sin embargo, deberías tomar un descanso; creo que estás abusando de tus fuerzas.

Tales eran ahora los discursos de sus aristocráticos clientes. Y no se engañaban: jamás había pintado con tanta emoción, verdad y fantasía. Nunca antes su pródiga inspiración había alumbrado caudal semejante de sorprendentes criaturas plásticas. Mas también era cierto que minuto a minuto su vigor mermaba. Sólo él sabía la causa de su mal: el pincel mágico que escamoteara a Hai-Nang exigía que los pigmentos se diluyeran en su propia sangre. Cuanto más líquido vital vaciaba en la creación, más original y desconcertante era el resultado. Y Mi-Feng no escatimaba su roja savia porque, por encima de todas las cosas, ambicionaba la belleza y la gloria de ser el primer artista del reino.

–Un poco más de sangre, Mi-Feng, un poco más de sangre y verás cómo la flor que dibujas no sólo lucirá pétalos sino también aroma. Un poco más de sangre, Mi-Feng, un poco más de sangre, y la montaña que perfilas sembrará por siempre su silueta en la nostalgia de los hombres. Un poco más de sangre, Mi-Feng, un poco más de sangre, y esa avecilla revoltosa estampará sus trinos en la tela.

Con tan seductoras promesas el pincel, sin dificultad ninguna, convencía a su dueño. ¿Cómo negarse a entregar el precioso líquido que en sus venas circulaba cuando, –¡oh maravilla, oh inaudito misterio!–, éste se convertía ante su mirada incrédula en ola avasallante, viento quejumbroso y luminosa cumbre? Los mandarines, los ministros, los funcionarios de la corte no podían ocultar su asombro. La obra del artista era sencillamente prodigiosa... De modo que la consternación fue general cuando cierta lóbrega mañana de otoño lo hallaron agonizando en un charco de sangre, frente a su última pintura, su propio retrato, que aún estaba por concluir. Antes de morir sólo se le escuchó murmurar con rabia una palabra: el nombre de Hai-Nang.

El creador fue enterrado con todos los honores, merecido tributo que la nobleza y el poder rendían a un individuo excepcional. Mientras tanto, en una aldea remota –de esto nadie se enteró jamás–, cierta imagen recobraba fugazmente la primaveral frescura de la adolescencia, y con gesto alevoso sonreía.

La jaula del amor

Sólo te ama aquel que siendo libre
para alejarse de ti permanece a tu lado

No pudo evitar Miu-Chi que un rubor importuno tiñera sus mejillas cuando, la vista baja y la voz temblorosa, preguntó al sapientísimo anciano Kon-Tsai:

–¿Cómo puedo estar segura, venerado maestro, de que aquel por quien mi pecho suspira no se mostrará impiadoso con la llama que me consume? –Había encontrado la doncella el valor de hacerle al sabio la pregunta, y ahora, sin atreverse a levantar la mirada del suelo, esperaba ansiosa la contestación.

Y Kon-Tsai, cuya pupila penetraba en el alma como la mano en cofre abierto, dijo:

–Niña, hubo una vez una princesa –no recuerdo su nombre, pero lo que te relato sucedió muchos años atrás–, que se prendó de una hermosa avecilla. En jaula de oro la tenía encerrada. Con su propia mano le daba de comer; le hacía mimos y caricias; la acompañaba; le confesaba sus más íntimos secretos...

para ella vivía. Pero no se decidía a abrirle la puerta por temor a que, batiendo las alas, se le escapase hacia la azul inmensidad del firmamento.

Una noche, sin embargo –¡imperdonable descuido!–, olvidó la princesa asegurar el minúsculo cerrojo de aquella magnífica prisión de dorados barrotes. A la mañana siguiente encontró la jaula vacía. ¡Oh, aflicción inconsolable! Su amado joyel de irisadas plumas había desaparecido. Lloró, gritó, rodó por el suelo, se rasgó las vestiduras, cubrió de cenizas sus cabellos y acusó a la fugitiva –entrecortadas las palabras por el sollozo–, de egoísmo, ingratitud y deslealtad.

Muchas lunas vagaron por la celeste bóveda estrellada. La princesa creció. Se afinó su cintura cimbreante; una curva sensual y delicada fueron dibujando las graciosas caderas; y como orgullosas fierecillas, bajo la seda de la bata, erguíanse los senos desafiantes... Advirtiendo estos cambios, el padre de la princesa comprendió que había llegado la hora de encontrarle consorte. Y la casó (un mes duraron los festejos de los esponsales) con un poderoso monarca.

Al principio todo anduvo a las mil maravillas. El esposo la adoraba. Con su propia mano le daba de comer. Le hacía mimos y caricias. La acompañaba. Le confesaba sus más íntimos secretos... para ella vivía. Pero la tenía encerrada en un palacio de oro y jade y, por temor a que lo dejara abandonado, no le permitía ni siquiera asomarse al jardín.

La princesa amaba a su cónyuge; pero no toleraba la prisión que éste le había asignado, aunque su lecho fuera de pétalos y de aroma sus muros. No hay cosa ante la que los deleites de la pasión se desvanezcan con más celeridad que la amargura. Llegó un momento en que la princesa sólo pensaba en escapar. Urdió un plan, y con la complicidad furtiva de los luceros, una fosca madrugada de verano abandonó los regios esplendores de su cárcel.

Cuando el esposo, al rayar el alba, descubrió la fuga, gimió desesperado. ¡Oh, aflicción inconsolable! Lloró, gritó, rodó por el suelo, se rasgó las vestiduras, cubrió de ceniza su cabello y anatemizó a la joven mujer llamándola egoísta, ingrata y desleal... La princesa no dejó rastros. Nunca retornó. Mas no faltan quienes dicen haber divisado en el remoto bosque de Tai-Zong a una hermosísima doncella, idéntica a la esposa del compungido rey abandonado; una joven que salta y juega feliz entre los matorrales, y que va siempre acompañada de una gentil avecilla con la que no cesa de conversar...

Miu-Chi dio las gracias al venerable Kon-Tsai por sus palabras. La respuesta del sabio no se prestaba a dudas. Hasta el amor necesita aire puro para respirar. Sólo te ama el que siendo libre para alejarse de ti permanece a tu lado.

La discusión
de los monjes

*Lo difícil no es practicar la santidad,
sino ejercerla estando consciente de ello*

La discusión tornábase agria y acalorada. Los monjes, validos de atendibles argumentos, debatían acerca del espinoso tema de la santidad.

–La santidad es la pureza del espíritu –decía uno.

–La santidad es la ausencia de deseos, –alegaba otro.

–La santidad es la suprema sabiduría, –replicaba un tercero.

Mas como las horas transcurrían y no lograban ponerse de acuerdo, decidieron zanjar la cuestión solicitando el parecer de su maestro, el admirable Mon-Wei, cuya vida ejemplar había ofrecido al mundo, en punto a virtud y prudencia, innumerables testimonios.

–¿Queréis saber en qué consiste la santidad?; pues bien, dijo el sabio varón a quien rodeaban expectantes los discípulos, hasta donde he podido entender la santidad adviene cuando en la alborada saludamos al sol con una sonrisa; cuando acometemos alegremente las tareas que debemos realizar, y, en la noche, cansados pero satisfechos, nos acostamos a dormir.

Con un silencio preñado de contrariedad recibieron los monjes las desconcertantes palabras de su guía. Resultaba obvio que el Iluminado había sembrado la decepción en el pecho de la joven audiencia...

–Maestro –atrévese a argüir uno de los desencantados aprendices–, lo que usted acaba de señalar como propio de la santidad está al alcance de cualquiera.

–Así es –contestó con voz acariciante el venerable anciano.

–Entonces –prosiguió el que objetaba–, si todo el mundo es capaz de cumplir tan poco embarazosos preceptos, ¿por qué sigue siendo la santidad apetecido galardón de escasos y sacrificados elegidos?

–Porque sucede, hijo mío –repuso el sabio–, que al cielo le basta con ser azul para ser cielo, y al agua con ser húmeda para ser agua... pero el que desea vivir en santidad pretende además convencerse a sí mismo de que tal es su vida. Y siempre será más fácil ser santo que descubrir lo fácil que resulta serlo.

El cazador de mariposas

Quien trata de poseer aquello que desea lo destruirá

El venerable maestro Chow-Tse, con palabras suaves como pétalos y refrescantes como la brisa, aleccionaba a sus adeptos, que formaban un nutrido círculo de expectantes rostros alrededor de su enjuta figura hospitalaria:

—Amantes de la Rectitud, si queréis que la felicidad acuda a vuestro encuentro no debéis afanaros tras ella, no os pase lo que le sucedió a Mo-Chi, el cazador de mariposas.

—¿Qué le sucedió a Mo-Chi? —preguntó uno de los devotos allí congregados.

—Mo-Chi amaba las mariposas. Eran su pasión. Decidió entonces correr tras ellas y capturarlas. Frenéticamente las acechó, las persiguió, las apresó en sus redes. Mas apenas retornaba a la choza con el codiciado botín, morían sus aladas prisioneras y, lo que es peor, como por arte de magia se desvanecían los encendidos colores que excitaban la imaginación del que las acosaba. Así, inertes y pálidas, dejaban pronto de interesar al contrariado dueño, que salía al campo una vez más con la intención de renovar la arruinada cosecha. ¡Tiempo perdido! Mo-Chi lograba apoderarse de otro tembloroso racimo de centelleantes mariposas sólo para comprobar con enojo, al vaciar sobre la mesa de su domicilio la cesta en que las iba echando, que las hermosas cautivas yacían tristemente, rígidas y quebradizas, como las ramas secas de una encina por la furia de la tormenta derribada. Y Mo-Chi, por tercera, cuarta, quinta, sexta ocasión, colgadas al hombro la red y la mochila, partía monte adentro para otra batida que, al final, se revelaba tan infructuosa como las anteriores. El impenitente cazador nunca logró su objetivo. Pues lo que deseas con fervor tan pronto lo consigues pierde su encanto. Poseer es matar. Si te gustan las mariposas y quieres que revoloteen a tu lado, no las prives de su libertad; cultiva un jardín fragante en el solar de tu corazón y ellas vendrán a ti.

Apenas había terminado el maestro de pronunciar el citado discurso, cuando una enorme mariposa que parecía llevar dibujado el arcoiris en sus alas llegó de alguna parte y, mansamente, se posó sobre la calva resplandeciente del Iluminado.

El inconforme redimido

La felicidad no procede de afuera

Cuando Mu-Xai-Yi llegó a la ciudad del famoso sabio Yang-Tse, sin sacudirse el polvo del camino fue a visitarlo. En una estrecha celda, sentado sobre la esterilla, estaba un anciano cuya edad podía fácilmente sobrepasar los noventa años, pero cuyas pupilas brillaban con tal resplandor que ni siquiera las de un niño feliz hubieran podido comparárseles.

–Honorable Mu-Xai-Yi –dijo el anfitrión–, ¿en qué puede el rústico e ignorante Yuang-Tse serte de utilidad? ¿No te sería más provechoso consultar a alguien que no carezca de las virtudes que a mí tanta falta me hacen?

–Venerable maestro, su legendaria virtud no tiene rival en todo el reino, y es por ello que he acudido ante usted en busca de consejo –respondió el forastero.

–¿Y qué es lo que tanto te atormenta que acudes a mi humilde recinto? –volvió a preguntar el anciano.

Mu-Xai-Yi tragó saliva y, con gesto turbado que delataba su incomodidad, habló de esta manera:

—No soy dichoso, sublime Iluminado; y no lo soy porque la Fortuna se ha comportado injustamente conmigo. A pesar de mi linaje, de mi honradez y de mis conocimientos, no he logrado escalar al lugar que por mis méritos me correspondería. Pobre soy; vivo en una choza de caña y paja; sólo tengo mis pies para moverme de un lado a otro; visto sayo tosco de algodón; con una ración de arroz y caldo de verduras me alimento; nadie se preocupa por oír mi parecer; los dignatarios de la corte no me toman en cuenta. Sin embargo, he visto a otros menos dignos que yo y menos prudentes gozar de exagerados privilegios: se atavían con lujosas túnicas de seda sujetadas con broche de oro y plata; se desplazan en magníficos carruajes tirados por cuatro y seis bueyes robustos; saborean deliciosos manjares y vinos añejos; habitan en palacios donde el jade, la malaquita y el marfil muestran por doquiera su rostro apetecible; y quienes gobiernan escuchan con atención cada una de sus palabras... Yo, en cambio, nada tengo, de nada disfruto. ¿No os parece que me ha tratado el destino con suma descortesía y rudeza? ¿No consideráis justificada mi insatisfacción?

El virtuoso anciano dejó transcurrir varios segundos sin despegar los labios. Y luego habló:

–Estimadísimo Mu-Xai-Yi, responde si te place a estas preguntas... ¿sabes volar?

–No tengo alas –contestó el aludido–, ¿cómo podría elevarme en el aire?

–¿Conoces las profundidades del mar?

–¿Cómo conocerlas si no soy pez ni puedo respirar bajo el agua? –contestó nuevamente el que habia venido por consejo.

–¿Eres capaz de derribar un árbol a mano limpia sin ayuda del hacha? –insistió el venerable Yuang-Tse.

–Tendría que poseer la fuerza de un elefante para llevar a cabo semejante proeza –fue la respuesta del sorprendido Mu-Xai-Yi.

–Entonces –retomó la palabra el Iluminado–, si no te hace infeliz el no poder volar como los pájaros o nadar como los peces, o echar al suelo árboles como los elefantes, ¿por qué te sientes desdichado al no poseer oro, carruajes o palacios? ¿No es mejor flotar entre las nubes que aconsejar a los grandes de la corte? ¿No es más extraordinario sumergirse en las profundidades del océano que degustar suculentos manjares? ¿No es más útil poseer la fuerza de un paquidermo que ataviarse con las más finas sedas? Y si poca cuenta te trae realizar lo que hacen las aves, los peces y los elefantes, ¿en qué te puede hacer miserable que otros hombres vivan de manera distinta de la tuya? La dicha no procede de afuera. Las circunstancias son cambiantes: muecas que nos hace el destino. El que en ellas base su contento no tardará en arrepentirse. La hormiga es minúscula, gigantesca la ballena, pero no se le ocurre a una compararse con la otra, y ambas se sienten satisfechas con lo que son. La felicidad es un estado interior. El valle de Chi-Lang sigue siendo el mismo valle de Chi-Lang aunque el invierno lo cubra de nieve, o la primavera de flores o el verano de espigas o el otoño de las doradas hojas del almendro. Tú no le das un nombre distinto a ese valle según las estaciones de año... Pues bien, los antojos de la suerte son las estaciones de la vida. Y sólo lo que permanece es fuente de verdadero bienestar.

Cuentan que Mu-Xai-Yi nunca alcanzó riquezas, nunca tuvo carruajes, palacios de jade ni vestidos de seda; tampoco encontró príncipes que se disputaran su sabiduría y premiasen sus servicios con largueza. Pero a partir de ese día descubrió que caminar era un deleite, que su sencilla cabaña lo protegía del frío y del calor, que el arroz cocido y la sopa de verduras calmaban su apetito y regocijaban su paladar y que su tosca túnica de algodón era cómoda tanto si brillaba el sol o si soplaba el viento huracanado... En fin, Mu-Xai-Yi aprendió gracias al maestro Yuang-Tse a no compararse con los demás, a mirar tan sólo en el corazón de las cosas y los seres. Y siendo pobre, fue rico; y siendo ignorante, fue sabio; y siendo pequeño, fue grande. El valle de Chi-Lang, a despecho de las estaciones, ya no tuvo secretos para él.

道

La carcajada del maestro

El Tao acude a ti, pero nadie lo puede poseer

Jai-Tsi había indagado por todas partes en busca de un sabio que pudiera rasgar el velo de sus incertidumbres. Muchas sandalias había desgastado por los caminos polvorientos del reino sin que la suerte, hasta entonces avara, le acompañase. Una buena mañana, sin embargo, en la aldea donde había pernoctado, se entera de que en lo alto de la cordillera que como imponente cinturón esmeralda rodea al valle de Xu-Chi vivía en absoluto retiro un iluminado que había hecho de aquellos agrestes parajes, tan sólo habitados por osos y culebras, su morada.

Ni corto ni perezoso, emprende Jai-Tsi la marcha rumbo a los nevados picachos, alentando esta vez el convencimiento de que poco falta para que se cumpla su más preciado añoro.

Cuando el peregrino, tras penoso ascenso, llega a la gruta donde vive el eremita, se topa

y descubre

con que éste, desnudo como su madre lo echó al mundo, se está bañando en un torrente de aguas heladas que corre, ruidoso y juguetón, frente a la entrada de la cueva. Advierte el bañista su presencia y a gritos interpela al forastero:

–Honorable señor que a este humilde anciano habéis querido distinguir con vuestra visita, ¿no os provoca daros un chapuzón después de tan fatigosa jornada?

–Mucho me agradaría entrar en el agua, pero en verdad temo que esté muy fría –respondió cortésmente el viajero.

Salió entonces el asceta de la cristalina corriente mientras murmuraba estas palabras:

–Esperemos que el corazón no tirite tan fácilmente como la piel (y alzando la voz), pero decidme, ¿qué os ha traído por estas inaccesibles cumbres? Muy perentorio ha de ser el motivo que os impulsara a acometer tan extenuante empresa.

–Así es –repuso Jai-Tsi–, he venido a veros porque deseo que me enseñéis a poseer el Tao.

Como el trueno estalló la carcajada que brotó de la boca del bañista, para entonces cubierto con una rústica piel de venado.

–¿Por qué os reís? –interrogó perplejo el caminante–, ¿no tengo acaso el mismo derecho que cualquier otro a poseer el Tao?... No le advierto la gracia a lo que he dicho.

La risa del Iluminado redobló con las últimas palabras del visitante. El anciano eremita, boca arriba sobre el suelo, se agarraba el estómago con las manos mientras, entre pataleos frenéticos, estertores, sacudidas y espasmos, dos gruesos lagrimones corrían por sus mejillas. Cuando, calmado al fin su festivo comporamiento, pudo el sabio recobrar la compostura, se expresó de esta manera:

–Decidme, honorable aspirante al Tao, ¿sois dueño de vuestro propio cuerpo?

–Claro que sí –afirmó el forastero en tono que no admitía réplica.

–Entonces –prosiguió el anacoreta–, de seguro que sois capaz de detener a voluntad los latidos de vuestro corazón, o de interrumpir la respiración de vuestros pulmones durante varios días, o de pasaros varias semanas sin ingerir alimentos ni sentir hambre.

–No –contestó ruborizado Jai-Tsi–, no he sido aún capaz de realizar lo que ha mencionado; y en verdad, nunca he conocido a nadie que pueda cumplir con éxito tales hazañas.

El maestro de la alta cumbre volvió a dirigirse a su asombrado huésped del siguiente modo:

–Ni siquiera sois capaz de poseer vuestro propio cuerpo, que tan cerca lo tenéis, y aspiráis a poseer el Tao. La incuria os hace perseguir sombras. Olvidaos de la posesión, querido amigo, sólo lo que no se tiene nos hace libres. Lo que atesoras te fuerza a la servidumbre. El que de sí mismo no se despoja, se percate o no se dé cuenta de lo que hace, arrastrará cadenas. ¿Quién puede entrar o salir con la puerta cerrada? No ambiciones al Tao como codicia el oro el comerciante. Limítate a abrir tu puerta, y confía en que Él sabrá penetrar por sí solo sin que nadie lo llame.

Cuentan que, al escuchar estas palabras, Jai-Tsi sintió un calor tan intenso que creyó que le estaba hirviendo la sangre... De inmediato se quitó la ropa y se echó con estrépito en las aguas heladas del arroyo.

La inteligencia y la sabiduría

*Hay que escapar del pensamiento
para alcanzar la sabiduría*

Qué diferencia existe –si es que hay alguna–, entre la inteligencia y la sabiduría, ilustre Chai-Po? –preguntó Men-Tsi-Tao, el famoso letrado de la ciudad de Hang-Tong, al anciano asceta a quien había ido a visitar en las soledades del inhóspito desierto de las Arenas Amarillas.

–¿Cómo contestar a su pregunta, honorable escribano, si tan sólo soy un pobre viejo que no sabe leer, mientras que para su docta mente ninguno de los textos sagrados ofrece misterio? –replicó con la proverbial humildad del sabio el eremita. Tanta fue, sin embargo, la insistencia del recién llegado que, al final, Chai-Po decidió satisfacer su deseo.

–En grave aprieto me coloca, excelentísimo señor, con su demanda. Mas ya que de ese modo me apremia, no me queda más remedio que condescender al pedido que le hizo penetrar la remota comarca en la que habito. Abra pues los oídos y sírvase prestar atención a lo que voy a decir: ¿ve allí, en el rincón, aquella gran tinaja?

–La veo, venerable maestro –contestó el aludido.

–Entonces –prosiguió el anacoreta–, hágame el favor de describirla.

–Es grande, hecha de barro cocido, con formas redondeadas y suaves y una boca ancha que una tapa, también de barro, se encarga de cubrir –dijo condescendiente Men-Tsi-Tao.

–Investigue ahora qué encierra el cántaro.

–Está lleno de agua –volvió a responder el letrado, después de verificar su contenido.

–¿Y qué forma advierte usted en el agua que esa vasija contiene? –preguntó, perseverante, el viejo asceta.

–Resulta fácil satisfacer su curiosidad, admirable señor: el agua tiene la misma forma de la tinaja, pues el líquido se amolda a la concavidad de sus paredes –explicó el visitante.

–Aguda observación, honorable doctor, –replicó el sabio–; usted mismo ha respondido, sin que yo haya tenido que revelárselo, a la primera parte de la cuestión que le mortificaba: La inteligencia imagínesela como el agua del recipiente, en tanto que el panzudo tinajón sería la mente que razona, deduce y analiza... La inteligencia no puede exceder los límites de la alcoba que la hospeda, y esa alcoba es el cerebro. Hay cerebros que contienen mucha información: son las tinajas grandes. Otros se contentan con pocas ideas: son las tinajas chicas...Pero, grande o chica, la inteligencia siempre está aprisionada entre los muros del yo y de esa prisión jamá podrá escapar.

El ermitaño del desierto empuñó entonces un bastón y con él propinó un rudo golpe al cántaro. Éste se rompió en pedazos que se desperdigaron por el suelo en medio de un gran charco de agua. Acto seguido, tornó a preguntar al perplejo Men-Tsi-Tao:

–Y ahora, ¿qué forma tiene la vasija?

–Oh, ilustrísimo Chai-Po, ¿qué forma puede tener lo que ya no existe? –fue la réplica del docto forastero.

–¿Y qué forma tiene el agua que en la vasija habita?

–Se ha derramado por el suelo, ¿qué forma va a tener? –contestó el escribano.

–Entonces, eminente letrado, acaba de descubrir lo que buscaba. Cuando dejan de existir mente que dé forma a ideas e ideas que agonicen aprisionadas entre los barrotes de una mente individual, hemos alcanzado la sabiduría. Para ello es preciso romper la tinaja y permitir que el agua de la vida vuelva a la fuente primordial de donde surgiera.

Tales fueron las palabras del solitario asceta. Men-Tsi-Tao se convirtió en su discípulo y a partir de entonces permaneció con él. Al cabo de cuarenta y cinco años —aseguran los que esta historia cuentan—, pudo también el antiguo escribano dejar de ser inteligente y romper su tinaja.

道

Olvido o vanidad

Es fatua conducta pretender que los demás
nos recuerden para siempre

Nadie hubiera podido imaginar que aquella comarca inaccesible de amarillas entrañas pedregosas, espanto de las caravanas que se atrevían en muy contadas ocasiones a importunar su insomne letargo polvoriento, había sido antaño el corazón de un populoso imperio de cuya magnificencia no quedaba vestigio alguno; y cuya grandeza preterida, que hoy barre el remolino con despiadada lengua de dragón, no había dejado en el recuerdo de los hombres ni siquiera el escombro de una leyenda vaga.

Sin embargo, muchos milenios atrás (son testigos las dunas y el silencio), el orgulloso emperador Wai-Ho quiso perpetuar en esa región, entonces fértil y populosa, su memoria con hechos ilustres... Y construyó portentosos palacios; y edificó ciudades; y levantó macizas fortalezas almenadas; e hizo esculpir monumentales estatuas de granito; y plantó jardines de exótica floresta donde antes sólo medraba el espinoso matorral; y contrató innumerable tropa de escribanos para que dejara constancia, sobre el mármol lustroso y sobre la tierna carne del papel, de su inigualada fama e indiscutible majestad.

Todo esto lo hizo Wai-Ho con el objetivo de que su nombre y su nobleza y su poder quedasen para siempre fundidos con el tuétano de la posteridad...

Mas de las soberbias hazañas del emperador nadie puede decir hoy una sola palabra: la noche –espectadora muda y árbitro implacable de la presunción de los hombres–, guarda en su cóncavo cráneo el secreto del esplendor desvanecido, la pompa deslumbrante que el enigma engullera... ¿Quién fue Wai-Ho? ¿Cuáles eran sus facciones? ¿Qué batallas ganó? ¿Con que ungüentos aromáticos untaban su piel las delicadas manos de las concubinas? ¿Quiénes se arrodillaban temblorosos ante su presencia? ¿Qué soñaba bajo el lácteo resplandor de la insondable luna? Y la seda exquisita, y el oro reluciente, y el jade primoroso, ¿qué fue de ellos?... Preguntadlo al desierto. Al páramo inclemente, al escorpión arisco exigidle, si queréis, la respuesta.

Sobre la desnuda piedra el vendaval aúlla. Si los hombres pudieran descifrar su lenguaje entenderían que la voz destemplada del viento parece repetir incansablemente una misma palabra: Wai-Ho, Wai-Ho, Wai-Ho... Y por curiosa coincidencia, en el idioma de los escasos habitantes de la zona, otrora orgulloso imperio y hoy árida comarca, "wai-ho" es un vocablo que, según como se pronuncie y entone, significa una de estas dos cosas: "olvido" o "vanidad".

道

ÍNDICE

Colección
La sombra del bambú

PRIMEROS TÍTULOS

El hombre que descubrió la Verdad
Cuentos taoístas
León David

Estampa de Guerrero
Lucas Estrella Schultz

El I-Ching te habla
Nueva versión del Libro de los Cambios
Gustavo Andrés Rocco

El oráculo del Guerrero
Lucas Estrella Schultz